शारीरिक मानसिक एवं भावनात्मक विकास के लिए

प्रेक्षाध्यान : यौगिक क्रियाएँ

मुनि किशन लाल

हैल्थ हारमोनी

प्रेक्षाध्यान यौगिक क्रियाएँ

पुनमुद्रण: 2003, 2005, 2007

प्रकाशक : कुलदीप जैन

हेल्थ हारमोनी

कृत

बी. जैन पब्लिशर्स (प्रा.) लि.

1921/10, चूना मंडी, पहाड़गंज, नई दिल्ली-110 055

फोन : 23583100, 23581300, 23581100, 23580800

फैक्स : 2358 0471

ई-मेल : bjain@vsnl.com

वेवसाईट : www.bjainbooks.com

मुद्रक : **जे. जे. ऑफसेट प्रिंटर्स**

522, एफ.आई.ई., पड़पड़ गंज, दिल्ली - 110092

ISBN : 81-8056-416-9 **BOOK CODE :** BK-5587

विषयानुक्रम

पृष्ठांक

प्रकाशकीय

प्रेक्षा-साधना सर्वांगीण पद्धति है। जिसमें अध्यात्म की अतल गहराइयों में प्रवेश कर जहाँ चित्त को निर्मल एवं कषाय को उपशान्त करने का प्रशिक्षण दिया जाता है, वहां स्वास्थ्य को प्राप्त करने के लिए आसन, प्राणायाम, तनाव-मुक्ति एवं मानसिक शान्ति के लिए कायोत्सर्ग एवं भावना का प्रयोग भी किया जाता है। व्यक्तित्व विकास एवं भाव-परिवर्तन के लिये चैतन्य-केन्द्र-प्रेक्षा, लेश्या-ध्यान एवं अनुप्रेक्षाओं का प्रयोग प्रेक्षा-ध्यान की अपनी विशिष्टता है। प्रेक्षा-ध्यान के प्रयोगिक प्रशिक्षण के द्वारा सहस्रों व्यक्तियों ने शारीरिक स्वास्थ्य एवं मानसिक शान्ति प्राप्त की है, तथा भावनात्मक आवेगो में रूपान्तरण द्वारा स्वस्थ, शान्त और निर्मल चित्त का निर्माण किया गया है।

प्रस्तुत पुष्प यौगिक शारीरिक क्रिया में सम्पूर्ण शरीर को स्वल्प समय में सक्रिय और शक्तिशाली बनाने की प्रविधि है। योग की ये क्रियाएँ अपने आप में परिपूर्ण हैं। सम्यक् श्वास और पेट की सक्रियता के लिए दस क्रियाएँ पर्याप्त हैं। मेरुदण्ड को सुदृढ़, लचीला और प्राणवान बनाने में मेरुदण्ड की क्रियाओं का महत्त्वपूर्ण उपयोग है। सिर से लेकर पैर तक प्रत्येक अवयव को सक्रिय और शक्तिसम्पन्न बनाने में तेरह क्रियाएँ सहज हैं। जिन्हें आराम से प्रत्येक व्यक्ति कर सकता है।

इस पुष्प के लेखक हैं अणुव्रत अनुशास्ता गणाधिपति श्री तुलसी के अन्तेवासी शिष्य प्रेक्षाप्राध्यापक मुनि श्री किशनलालजी, जो योग-साहित्य के अध्ययन-अध्यापन के साथ-साथ योग पद्धतियों के प्रयोग एवं प्रशिक्षण में संलग्न हैं। आचार्य श्री महाप्रज्ञजी के निर्देशन में लगने वाले प्रेक्षा-ध्यान शिविरों, प्रेक्षा-प्रशिक्षण शिविरों, व्यक्तित्व विकास कार्यशाला तथा जीवन-विज्ञान-प्रशिक्षण शिविरों में आसन, प्राणायाम, कायोत्सर्ग ध्यान आदि के प्रशिक्षण का दायित्व अत्यन्त कुशलता से संभाल रहे हैं।

गणाधिपति श्री तुलसी एवं आचार्य श्री महाप्रज्ञ के सतत मार्ग-दर्शन

एवं परिश्रम का ही यह परिणाम है कि आज सहस्त्र-सहस्त्र लोग इस अध्यात्मिक साधना के मार्ग पर चलकर समस्याओं से मुक्त शान्त जीवन जीने का आनन्द प्राप्त कर रहे हैं। प्रेक्षा पद्धति के रूप में मानव जाति को इन दो महान् अध्यात्म मनीषियों का अनुपम वरदान प्राप्त है। हमें दृढ़ विश्वास है कि यह सर्वांगीण साधना-पद्धति 'सर्वजनहिताय सर्वजन-सुखाय' सिद्ध होगी।

शारीरिक क्रियाओं को स्पष्टता से समझने एवं प्रयोग करने हेतु संबंधित चित्र भी पुस्तक में प्रस्तुत किए गए हैं। इसके लिए श्री कैलाश मेहता का सहयोग मिला। साधक श्री रसिक मेहता के परिश्रम से यह उपयोगी एवं सुन्दर प्रकाशन नीडम् को शीघ्र उपलब्ध हो सका।

आशा है पुष्पों के क्रम में यह प्रकाशन भी पाठकों की रुचि के अनुरुप सिद्ध होगा।

शंकरलाल मेहता
निर्देशक, तुलसी अध्यात्म नीडम्
जैन विश्व भारती, लाडनूं

स्वकथ्य

प्रेक्षा-ध्यान साधना की सरल और वैज्ञानिक विधि है। इसमें प्राचीन दार्शनिक पद्धतियों की जटिलता का निरसन है; तो आधुनिक विज्ञान की नवीनतम उपलब्धियों का उपयोग है। साधना की कोई ऐसी शाखा नहीं जिसमें अनुसंधान का अवकाश नहीं हो। पूर्णता से पूर्ण विकास की संभावना सदैव बनी रहती है। प्रेक्षा-साधना पद्धति का यह स्पष्ट ऋजु दृष्टिकोण है कि प्राचीन उपलब्धियों का भरपूर उपयोग करते हुए आधुनिक खोजों से यदि जीवन विकास में सहयोग मिलता हो तो उसका उपयोग उपादेय है। योग परम्परा नहीं, अपितु एक विधि है। जिसे योगियों ने दीर्घ साधना और अनुभवों से खोजा है।

प्रेक्षा साधना में कायोत्सर्ग ध्यान, अनुप्रेक्षा, भावना और स्वाध्याय के साथ आसन-प्राणायाम को भी समुचित स्थान दिया गया है। प्रेक्षाध्यान पद्धति का मंतव्य है कि साधना के विकास के लिए शरीर का स्वस्थ होना आवश्यक है। स्वस्थ शरीर के बिना साधना की अभिव्यक्ति शरीर पर कैसे उतर सकती है। जैन परम्परा में आसनों को 'स्थान' कहा गया है। भगवान् महावीर स्वयं ध्यान में विभिन्न आसनों का उपयोग करते थे। केवल ज्ञान अथवा विशेष उपलब्धि के लिए **वज्रऋषभ नाराच संहनन** होना अनिवार्य है। शरीर के संहनन से शरीर की सुदृढ़ता से ध्यान आदि दीर्घकालीन साधना अभिव्यक्ति पा सकती है।

शारीरिक यौगिक क्रियाएँ हर एक व्यक्ति कर सकता है। इन क्रियाओं से शरीर के प्रत्येक अंग को सक्रियता और शक्ति मिलती है। प्रेक्षा-ध्यान शिविरों में आसन प्राणायाम के प्रयोग कराते समय यह अनुभव हुआ कि वृद्ध या अस्वस्थ व्यक्ति जो पूरी तरह आसन नहीं कर पाते हैं, वे यौगिक शारीरिक क्रियाओं को सरलता से कर सकते हैं तथा उन्हें इनके द्वारा अपने अंगों में शक्ति और सक्रियता के विकास का अनुभव करवाया ज सकता है। यौगिक शारीरिक क्रियाएँ साधना एवं ध्यान की दृष्टि से

महत्त्वपूर्ण है। श्वास-प्रश्वास का संतुलन साधना की भूमिका है। मेरुदण्ड की क्रियाएँ शक्ति को ऊधर्वगामी बनाने में तथा स्वास्थ्य में सहयोगी बनती हैं। साधना के विकास के लिए मेरुदण्ड का स्वस्थ, लचीला और सक्रिय होना आवश्यक है। यौगिक शारीरिक क्रियाएँ सम्पूर्ण शरीर को सक्रिय और तेजस्वी बनाने में सहयोगी बनती हैं। शरीर के प्रत्येक अंग को इससे दृढ़ता एवं शक्ति मिलती है।

प्रेक्षा-ध्यान के अभ्यासी साधक-साधिकाएँ इन यौगिक शारीरिक क्रियाओं से अपने आपको लाभान्वित करेंगे। मुनि धर्मेन्द्र कुमारजी एवं अध्यात्म साधना केन्द्र महरौली, नई दिल्ली के निदेशक श्रीधर्मानंद जैन के सुझावों ने इसकी उपयोगिता को बढ़ाया है। आशा है प्रेक्षा-ध्यान के साधक यौगिक क्रियाओं के अभ्यास से साधना में शक्तिशाली बनेंगे।

नमस्कार महामंत्र की मुद्राएँ प्रात: उठते ही करने से आलस्य दूर होता है। शक्ति स्फूर्ति अनुभव होने लगती है। अत: इसे यौगिक क्रियाओं के साथ संलग्न किया गया है।

मुनि किशनलाल

1. यौगिक शारीरिक क्रियाएँ

वर्तमान युग के संदर्भ में

विश्व का श्रेष्ठतम और जटिलतम यदि कोई यंत्र हो सकता है तो वह मानव का शरीर है। मानव शरीर की संरचना इस प्रकार से निर्मित हुई है कि जिसे निरन्तर सक्रिय एवं व्यवस्थित बनाए रखना अत्यन्त आवश्यक है। उसकी संपूर्ति यौगिक क्रिया करती है। शरीर की इस सक्रियता एवं स्वस्थता को बनाए रखकर ही साधना के परिणामों को प्राप्त कर सकते हैं। शरीर को सक्रिय और व्यवस्थित बनाने की दृष्टि से यौगिक शारीरिक क्रियाएँ प्रेक्षा प्रविधि का महत्त्वपूर्ण अंग हैं। देश, काल और समाज की परिस्थितियों से गुजरते व्यक्ति के लिए यह कठिन होता जा रहा है कि वह योगासन और व्यायाम में अधिक समय लगा सके। किसी के पास समय का अभाव नहीं होता, तो उसे स्थान की कठिनाइयों का सामना करना पड़ता है। बढ़ती शहरी सभ्यता ने मनुष्य के जीवन को प्रकृति से दूर कर दिया है। उसके पास शारीरिक श्रम करने के लिए न खेत है और न घूमने के लिए खुला मैदान है कि जहां शुद्ध प्राणवायु को ग्रहण कर वह स्वस्थता को उपलब्ध कर सके। उसे तंग बस्तियों में भीड़ भरे रास्तों से गुजरना होता है। आवास के लिए उसे छोटे-छोटे फ्लेटों में पूरे परिवार का गुजारा करना होता है। इससे भी अधिक आज व्यक्ति इतना अनियमित जीवन जीने लगा है कि चाहने के बावजूद भी योगासन, प्रेक्षा-ध्यान एवं ऐसी कोई अन्य प्रविधि के लिए अपने समय को लगा नहीं पाता।

क्रियाओं का प्रभाव

शारीरिक, मानसिक पीड़ाओं से ग्रस्त कुछ लोग इस अभ्यास क्रम की ओर प्रवृत्त होते हैं, किन्तु निरन्तरता बनाए रखना उनके लिए कठिन हो जाता

है। समय के अभाव में आसनों के लाभ से वंचित न रहे, उनके लिए यौगिक क्रियाएं आवश्यक हैं। यौगिक शारीरिक क्रियाएँ शरीर और मन दोनों को स्वस्थ बनाती हैं। जो व्यक्ति शरीर की दृष्टि से रुग्ण वृद्ध अथवा अशक्त है, उसके लिए भी यौगिक शारीरिक क्रियाएँ उपयोगी एवं शक्ति संवर्धक हैं। यौगिक शारीरिक क्रियाओं से सम्पूर्ण शरीर के सन्धिस्थलों में लचीलापन एवं कर्मजा शक्ति का विकास होता है। मांसपेशियों में स्फूर्ति तथा स्नायु-संस्थान में सक्रियता बढ़ती है। रक्त संचार सुव्यवस्थित होने लगता है। मन प्रसन्न और चित्त प्रशान्त होने लगता है। जिससे प्रज्ञा प्रगट होती है। **स्वस्थे चित्ते बुद्धयः प्रस्फुरन्ति** स्वस्थ चित्त में प्रज्ञा प्रगट होती है।

2. यौगिक शारीरिक क्रियाओं की प्रविधि

यौगिक शारीरिक क्रिया की इस प्रविधि को प्रयोग में लाने के लिए कोई विशेष स्थान एवं व्यवस्था की अपेक्षा नहीं होती। केवल स्वच्छ और हवादार स्थान पर्याप्त होता है। इस पूरे प्रयोग को एक साथ करने में लगभग 15 मिनट लगते हैं। समयाभाव में इस प्रयोग को खण्डों में विभाजित किया जा सकता है। यह अभ्यास मस्तक से लेकर पैर तक विभिन्न अवयवों पर क्रमश: तेरह क्रियाओं में पूर्ण होता है।

अर्हं वन्दन

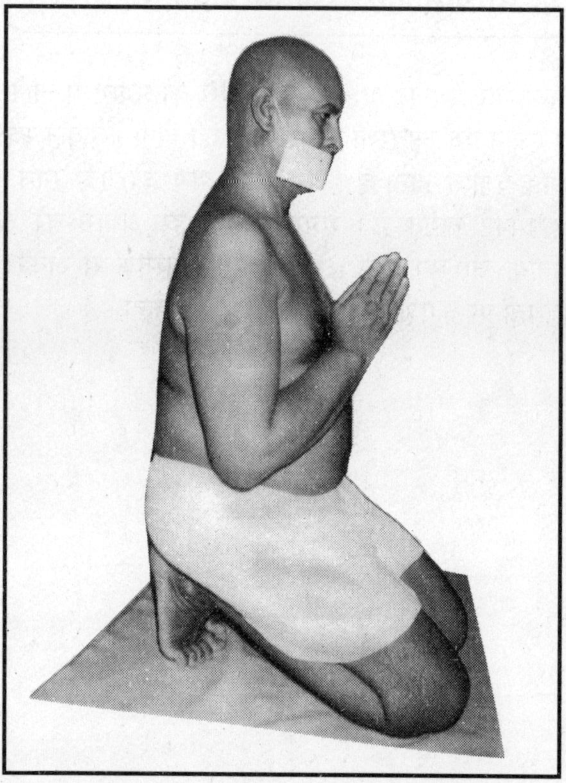

यौगिक क्रियाओं को प्रारम्भ करने से पूर्व अपने इष्ट को नमन करें। प्रेक्षा-ध्यान साधक का इष्ट है "अर्हं" अर्थात् अनंत शक्ति संपन्न चैतन्य।

स्थिति—अर्हं वन्दन के लिये वन्दना आसन में पंजों के बल ठहरें। विनम्रता से हाथ जोड़ें। श्वास भरें।

(1) वन्दे कहते समय मेरुदण्ड सीधा रखें।

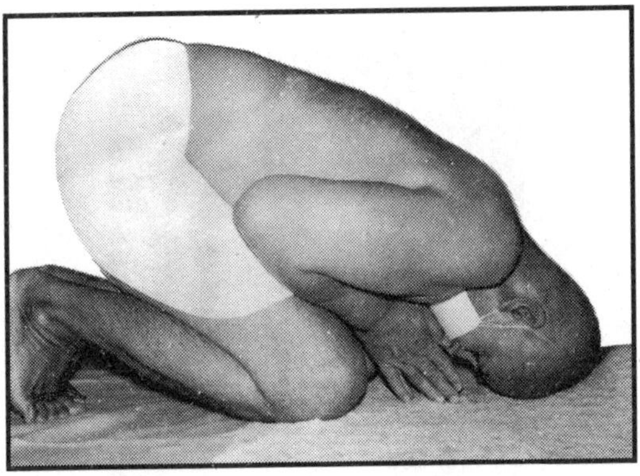

(2) अर्हम्........बोलते समय नीचे भूमि तल पर मस्तक लगाएँ। श्वास का पूर्ण रेचन करें।

(3) धीरे-धीरे पूरक करते हुए पूर्व अवस्था में आ जाए।

(4) हाथ घुटनों पर ले आएँ।इस क्रिया को तीन बार करें।

लाभ—(i) प्राण-शक्ति का विकास होता है।

(ii) न्यूरोन्स की सक्रियता से स्मृति का विकास होता है।

(iii) श्वास दीर्घ होने से स्वभाव परिवर्तन होता है।

(iv) शारीरिक स्वास्थ्य का विकास होता है।

पहली क्रिया-मस्तक के लिए

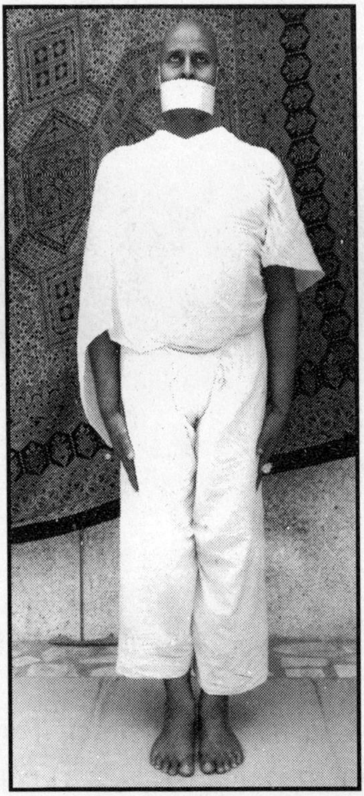

स्थिति—

(1) मस्तक से प्रारम्भ होने वाली यह प्रथम क्रिया है। पैर के दोनों पंजे मिलाकर खड़े हो। दृष्टि सम्मुख रखें। हाथ साथलों से सटे हुए रहें।

(अ) चित्त को मस्तक पर केन्द्रित करें। दश बार तीव्रता से श्वास प्रश्वास करें।

लाभ—(i) मस्तिष्क के स्नायु सक्रिय एवं प्राणमय बनते हैं।

(ii) मेधा शक्ति बढ़ती है।

दूसरी क्रिया—मस्तक के लिए

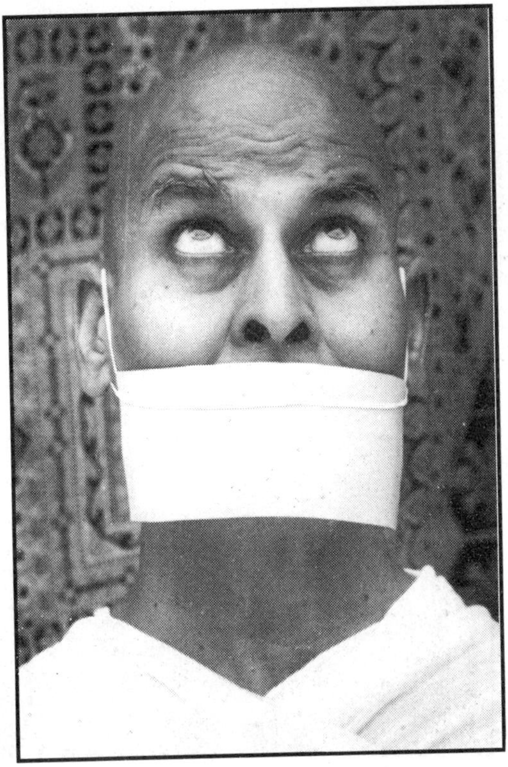

(ब) —(1) ललाट, कनपटी और मस्तिष्क के स्नायुओं को पूरक/श्वास भरकर ऊपर खिंचाव दें ।

(2) रेचक/श्वास छोड़कर स्नायुओं को शिथिल छोड़े ।

लाभ—(i) इससे मस्तिष्क क दोषों का निरोध होता है ।

(ii) स्मृति एवं मस्तिष्क की शक्ति का विकास होता है ।

दूसरी क्रिया—आँख के लिए

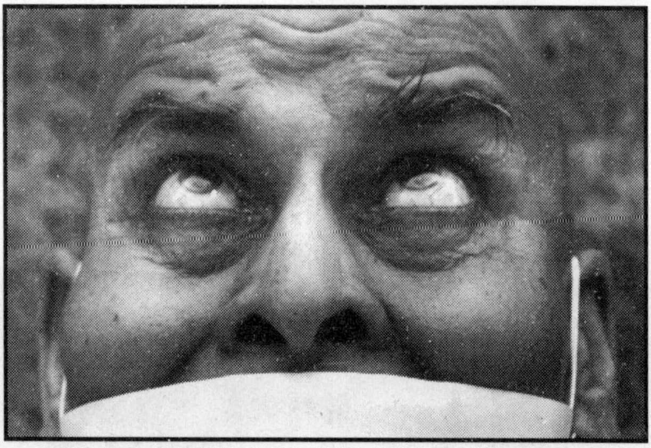

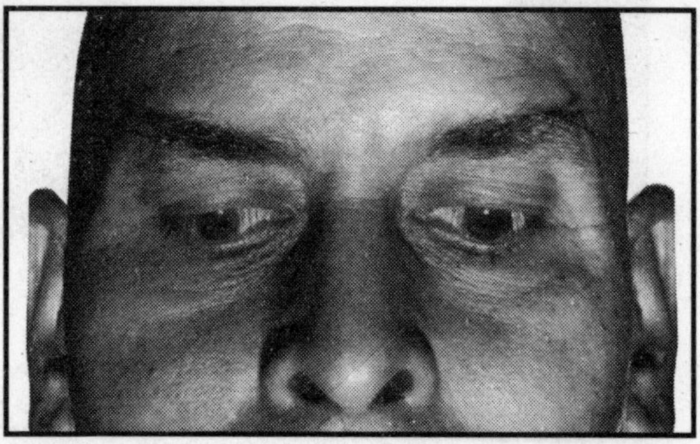

आँखों की इस क्रिया में गर्दन सीधी और स्थिर रखें। क्रिया के समय गर्दन को किसी प्रकार की गति न दें। आंखों की इन क्रियाओं को सात भागों में विभाजित किया गया है—

1. (i) पूरक करते हुए आँखों के गोलकों को ललाट की ओर ले जाते हुए आकाश को देखें।

(ii) रेचन करते हुए आंखों के गोलकों को नीचे की ओर लाते हुए पंजे की ओर देखें। इसकी पांच आवृत्ति करें।

2. (i) पूरक करते हुए आँखों के गोलक को दायीं ओर ले जाए।

(ii) रेचन करते हुए गोलकों को बायीं ओर ले जाएं। जितना पीछे की ओर देख सकें, देखें। इसकी पांच आवृत्ति करें।

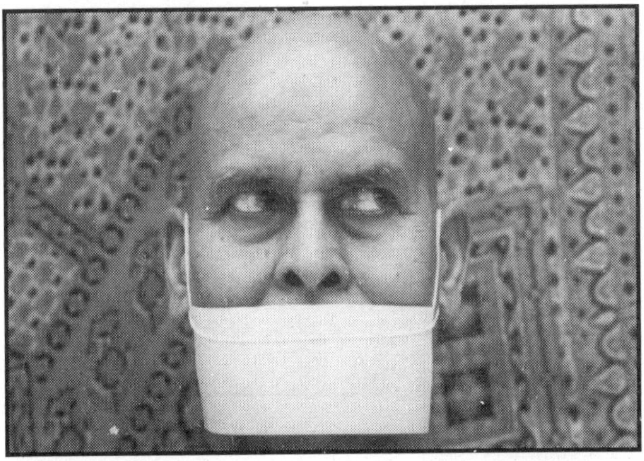

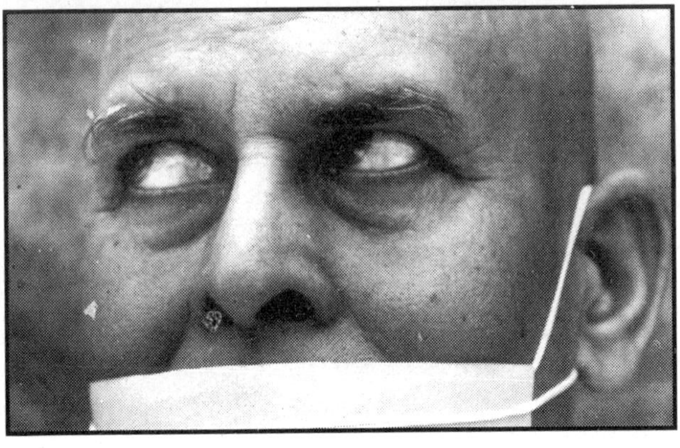

3. (i) पूरक कर दोनों गोलकों को दाहिने कोण में ऊपर ले जाएं।

(ii) रेचन करते हुए गोलकों को बाएं कोण में ले जाएं। यह तिरछी कोणात्मक क्रिया है। इसे पांच बार दुहराएं।

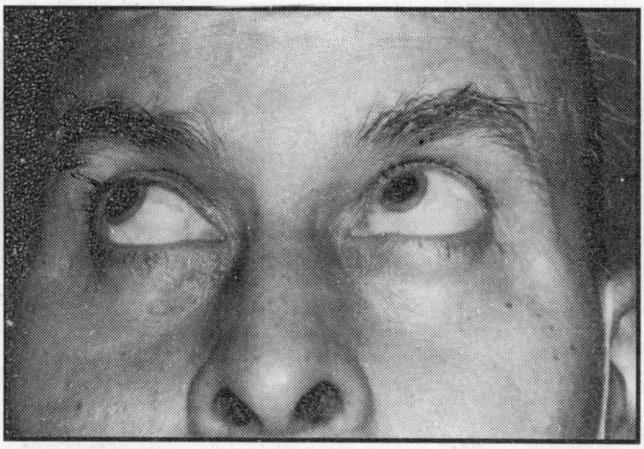

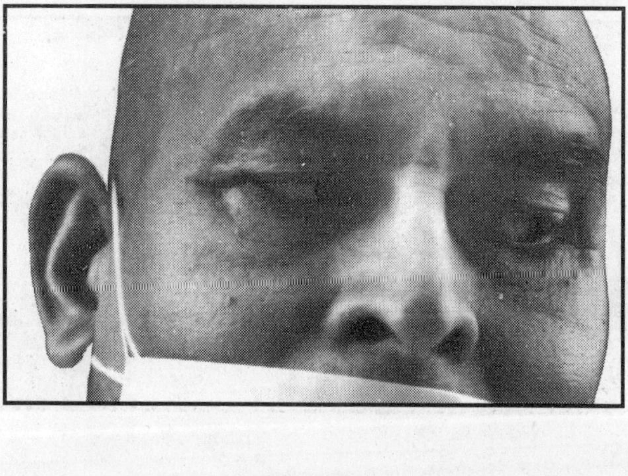

4. (i) पूरक कर दोनों गोलक को बाएं कोण में ऊपर ले जाएं।

(ii) रेचन कर गोलक को दाएं कोण में नीचे लाएं। पांच आवृत्ति करे।

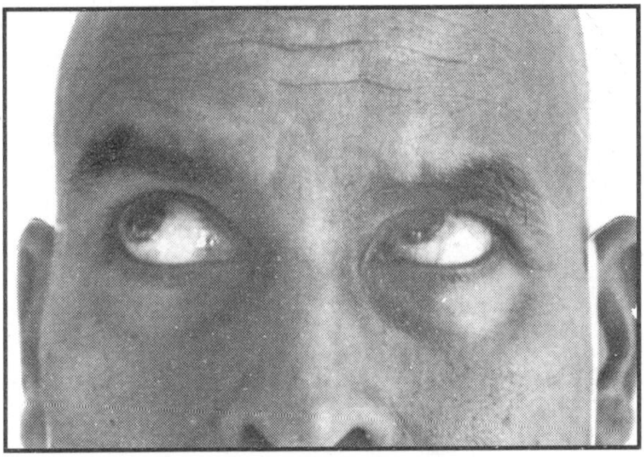

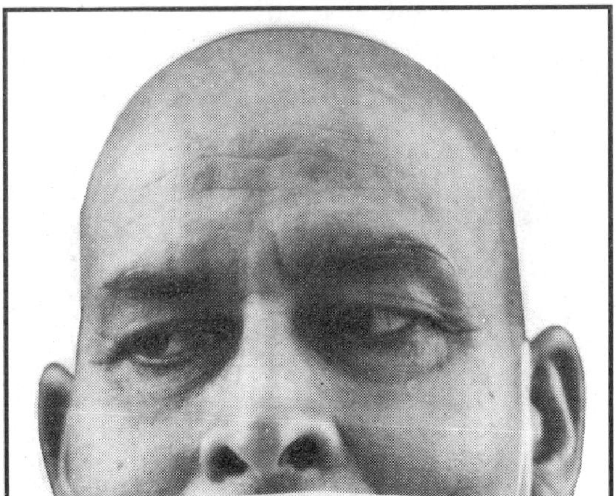

5. (i) पूरक कर कुम्भक करें, आँखों के गोलकों को गोलाकार दाएं से बाएं घुमाएं, पांच आवृत्ति करें ।

(ii) इसी क्रिया को बाएं से दाएं गोलाकार घुमाएं । पांच आवृत्ति करें ।

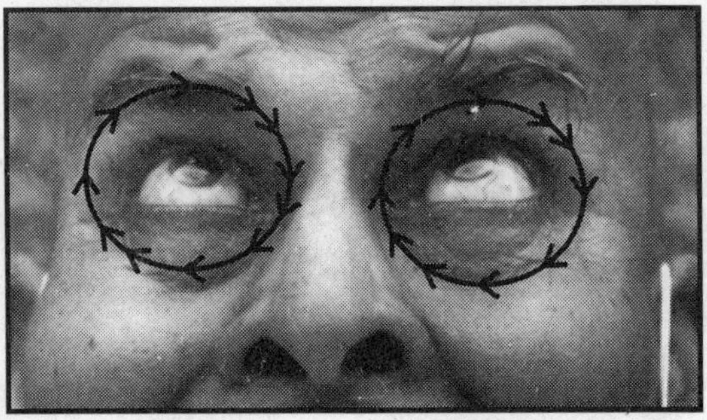

6. (i) रेचन कर कुम्भक करें । आंखों को तेजी से टिमटिमाएं ।

(ii) पूरक करें तथा पुन: रेचन कर कुम्भक करें । तीव्रता से आंखों को टिमटिमाएं ।

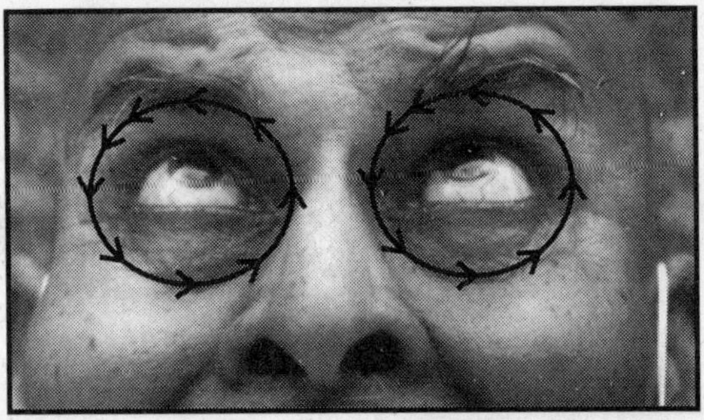

7. (i) दोनों हथेलियों को परस्पर घर्षण कर गर्म करें ।

(ii) रेचनकर हल्के स्पर्श से हथेलियों द्वारा आँखों पर मालिश करें ।

(iii) हथेलियों का संपुट बनाकर आँखों को खुली रखकर अन्धेरे में तेजी से टिमटिमाएँ ।

(iv) अंगुलियों के छिद्रों से आते हुए प्रकाश को देखें । धीरे-धीरे अंगुलियों को ऐसे खोलते जाए जिससे पूरा प्रकाश हो जाएं ।

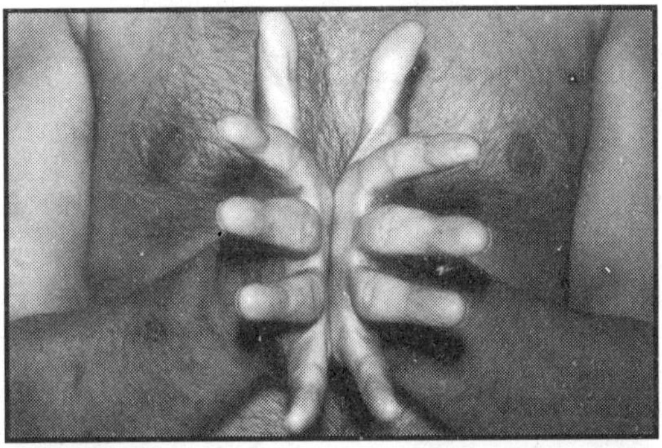

सावधानियाँ–

* आँखों को तेज धूप एवं हवा से बचाए ।
* धूल और धुएँ से आँखों की सुरक्षा करें ।
* चलते हुए न पढ़े । लेटकर कम रोशनी में न पढ़ें ।
* चलते वाहन में बैठकर न पढ़े ।

लाभ–(i) आँखों के रोग दूर होते हैं।

(ii) ज्योति बढ़ती है।

(iii) आँखों की रोशनी बराबर बनी रहती है।

(iv) ऐनक के नम्बर नहीं बढ़ते अथवा ऐनक की जरूरत नहीं रहती।

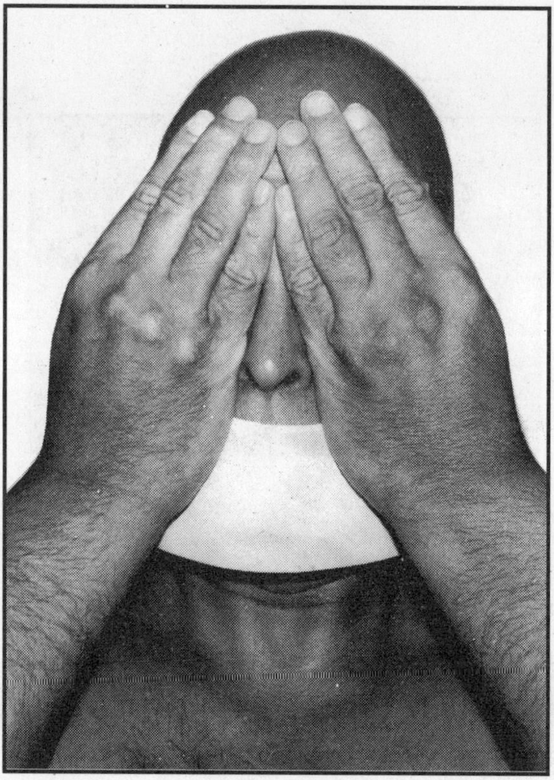

तीसरी क्रिया—कान के लिए

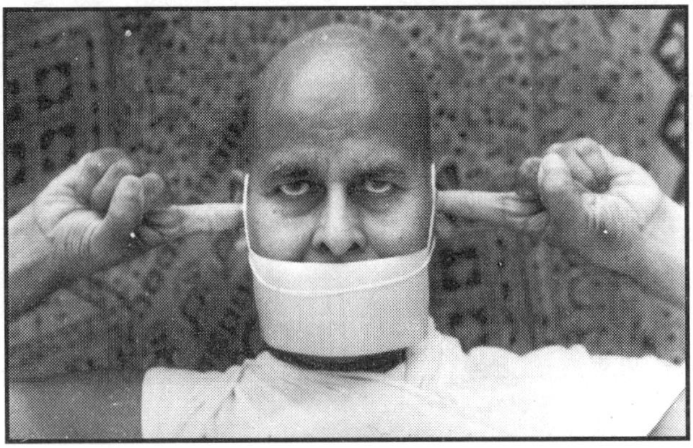

(i) कानों में तर्जनी (अंगुठे के पास वाली) अंगुली डालकर दाएँ-बाएँ घुमाएं।

(ii) कानों के बाहरी भाग एवं चारों तरफ अंगुलियों से मालिश करें।

(iii) ऊपर-नीचे खीचें।

(iv) हथेलियों से दोनों कानों को दबाकर अन्तर-ध्वनि सुनें। श्वास-प्रश्वास सामान्य रहेगा।

कान संपूर्ण शरीर का प्रतिनिधि है। गर्भावस्था में इसी आकार में सब रहते हैं।

लाभ—

(i) कानों के रोग शान्त होते हैं।

(ii) सुनने की शक्ति का विकास होता है।

(iii) आलस दूर होता है।

(iv) विवेक जागृत होता है।

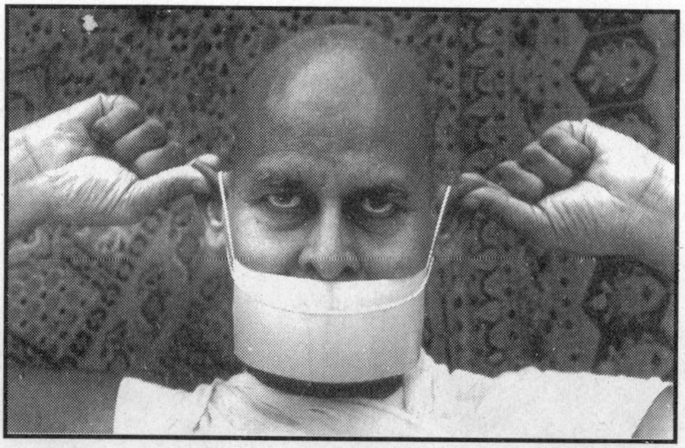

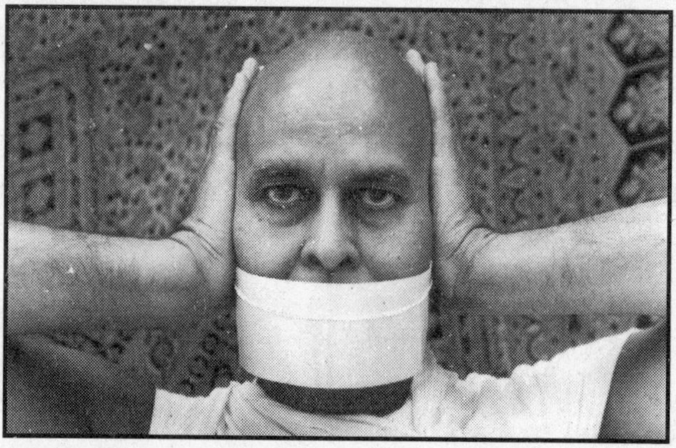

चौथी क्रिया—मुख एवं स्वरयन्त्र के लिए

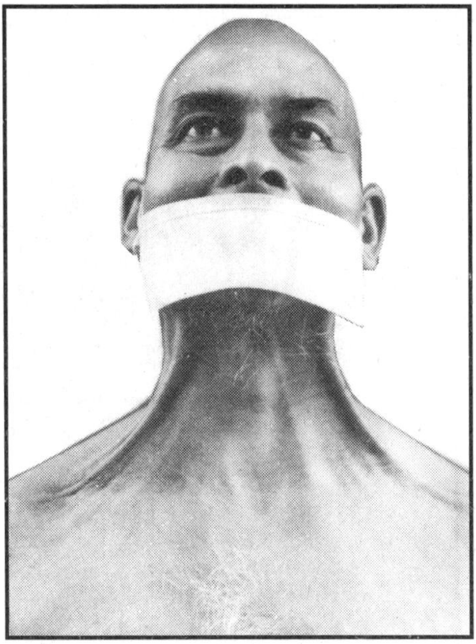

(i) मुख में श्वास को पूरा भरें। जिनसे कपोल (गाल) हवा से फूल जाएँ। तीन बार इस क्रिया को दोहराएं।

(ii) हाथों से ललाट, नाक, होट और ठुडी की मालिश करें।

(iii) दोनों तरफ से दांतों और जबड़ों को परस्पर सटाकर दबाएँ।

(iv) मुख को खोलें।

(v) दाहिने हाथ की तीन अंगुलियों को दांतों के बीच से भीतर गले की ओर ले जाएं।

(vi) आ .... आ .... आ की ध्वनि करें।

(vii) विश्राम करे।

लाभ—(i) कपोंलों पर झुर्रियाँ नहीं उभरती।

(ii) दांत की बीमारियाँ दूर होती है।

(iii) आवाज़ साफ होती है।

(iv) स्वर यंत्र स्वस्थ रहता है।

पांचवी क्रिया—गर्दन के लिए

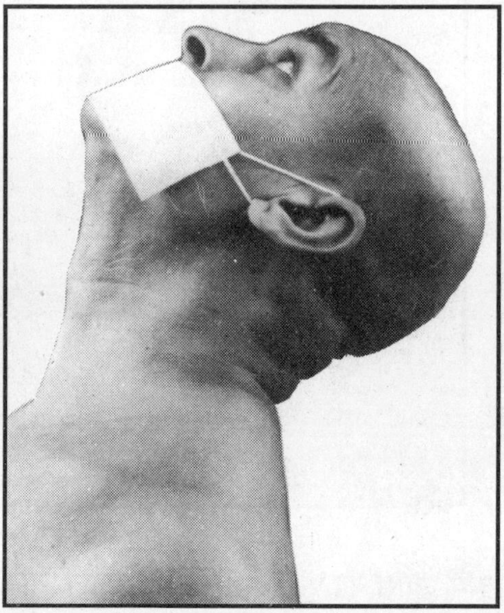

सर्व प्रथम हाथों को रगड़कर गर्म करें। गर्दन को दायें बायें हाथ से मालिश करें।

(अ) (i) श्वास को भरें।

(ii) गर्दन को पीछे पीठ की ओर ले जाएं। आकाश की ओर देखें।

(iii) श्वास को छोड़ते हुए ठुड्डी को सीने से लगाएं।

(iv) मूल स्थिति में आएं। इस क्रिया को पांच बार दोहराएं।

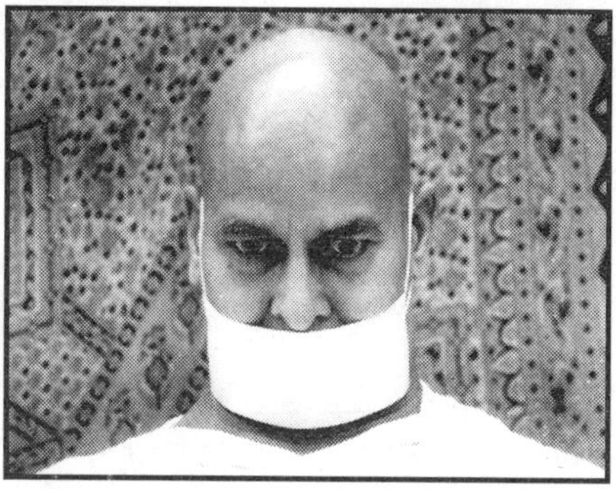

(ब) (i) पूरक करें।

(ii) रेचन करते हुए गर्दन को दाएं कंधे की तरफ मोड़ें। दृष्टि पीछे की ओर ले जाएं।

(iii) पूरक करें।

(iv) रेचन करते हुए बाएँ कंधे की ओर मोड़ें। इस क्रिया को पांच बार दोहराएँ।

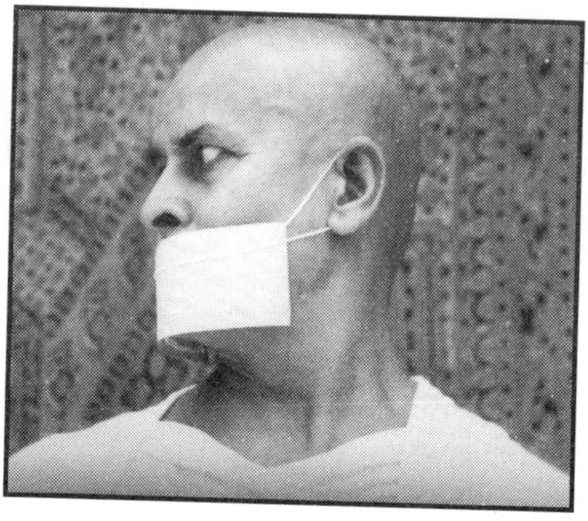

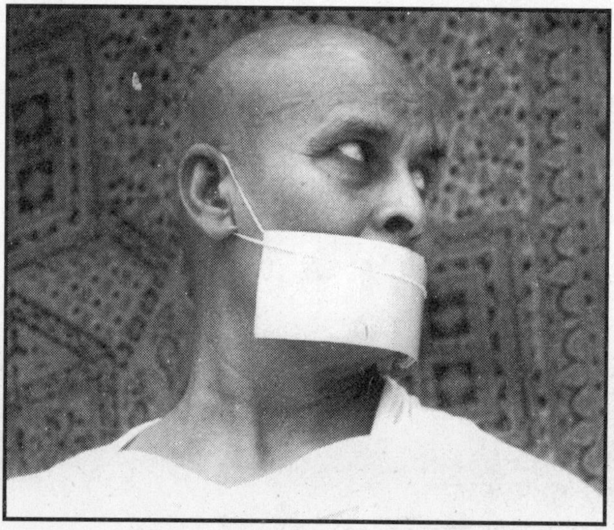

(स) गर्दन को दायें-बायें दोनों ओर से गोल घुमाएं।

विधि—(i) पूरक करते हुए ठुड्डी को कंठ-कूप में लगाएं, आँखें बन्द रहे।

(ii) दाहिने कंधे की ओर ठुड्डी का स्पर्श करते हुए पीठ की ओर गर्दन ले जाएं।

(iii) बाएं कान को बाएं कंधे से छुते हुए ठुड्डी को कंठ-कूप में लगाएं। इस क्रिया को बायीं ओर से भी दोहराएं। तीन-तीन आवृत्ति करें।

(द) (i) श्वास को भर कर सिर और गर्दन को दाहिनी ओर झुकाएं, कान कन्धे को स्पर्श करेंगे । सिर को सीधा कर रेचन करें ।

(ii) पूरक कर बायीं ओर सिर को झुकाएं, कान कन्धे को स्पर्श करेंगे । सिर और गर्दन को सीधा कर रेचन करें । तीन आवृत्ति करें ।

लाभ—(i) गर्दन का दर्द दूर होता है ।

(ii) आँखे और मस्तिष्क की शक्ति बढ़ती है ।

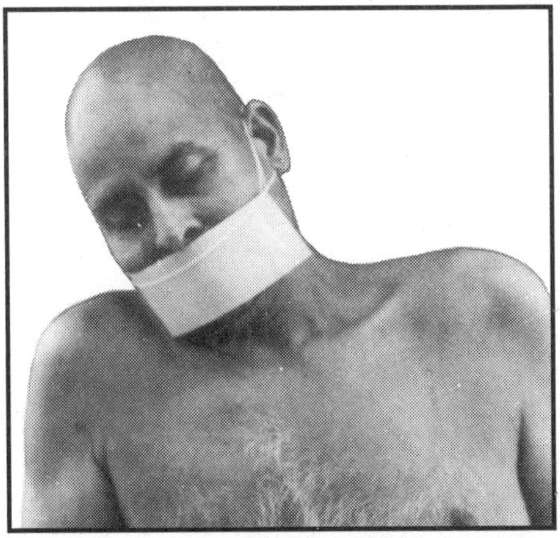

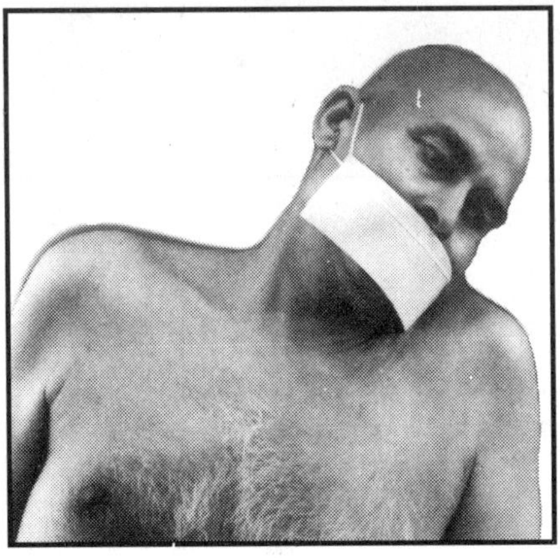

छठी क्रिया—स्कन्ध के लिए

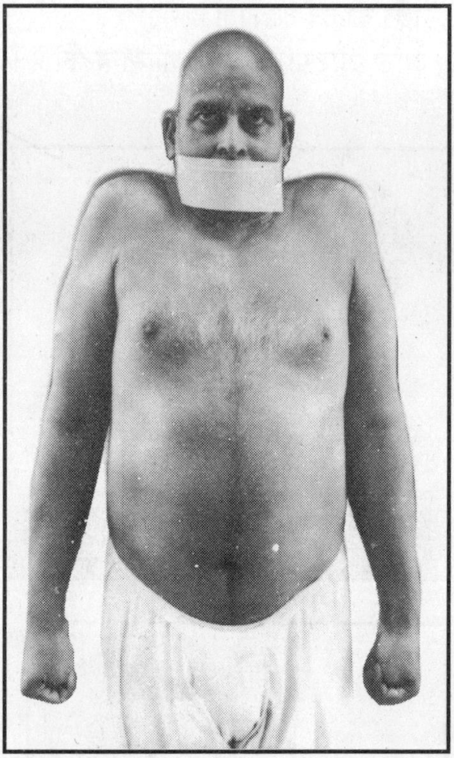

(अ) (i) मुठ्ठी बन्द रखें ।पूरक करते हुए कंधों को ऊपर उठाएं ।

(ii) रेचने करते हुए कंधों को नीचे ले जाएं । हाथ सीधे रहें ।

क्रिया को नौ बार दोहराएँ ।

(ब) (i) हाथों को मोड़कर अंगुलियों को कन्धे पर रखें। पूरक करें। तीन बार हाथों को आगे-पीछे की ओर गोल घुमाएं।

(ii) रेचन करते हुए तीन बार हाथों को पीछे से आग की ओर घुमाएं।

लाभ—(i) कन्धों की शक्ति बढ़ती है।

(ii) जोड़ों का दर्द दूर होता है।

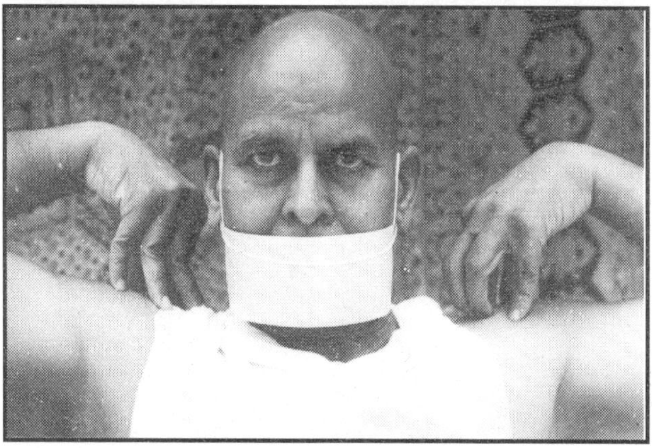

सातवीं क्रिया—हाथों के लिए

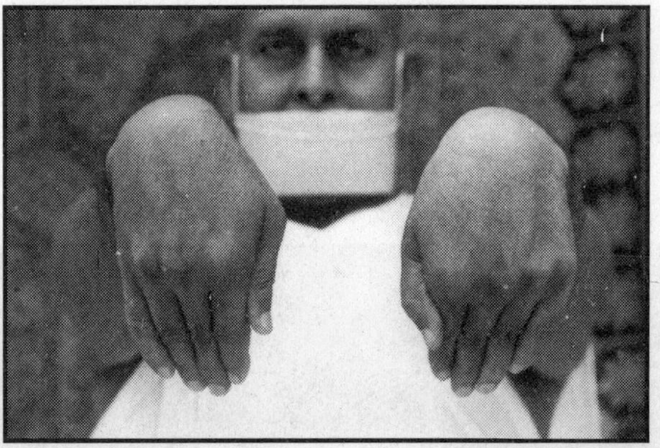

(i) हाथों को सामने की ओर सीधा फैलाएं। पूरक करते हुए छोटी अंगुली से एक-एक अंगुली को सक्रिय करें।

(ii) रेचन करके फिर पूरक करें। हथेली एवं कलाई तक के भाग को पांच बार ऊपर नीचे करें तथा कलाई को गोल घुमाएँ, हाथ सीधा रखें।

(iii) पांच बार कुहनियों को मोड़ें और सीधा करें।

(iv) अन्त में श्वास भरते हुए पूरे हाथ को सीधा करके गति से दाएं लाएं। श्वास छोड़ते हुए बाएं घुमाएं। प्रत्येक क्रिया की पांच आवृत्ति करें।

लाभ—(i) हाथों, अंगुलियों की शक्ति बढ़ती है।

(ii) कलाई के जोड़ सक्रिय बनते हैं।

(iii) कोहनियों के जोड़ सक्रिय बनते हैं।

(iv) कन्धों के जोड़ सक्रिय होते हैं।

आठवीं क्रिया—सीने और फेफड़े के लिए

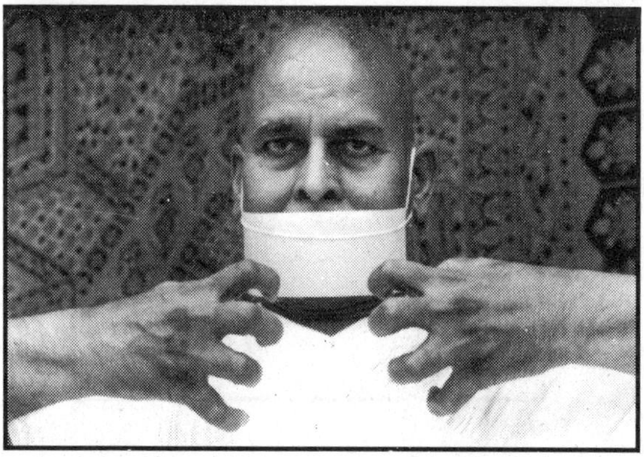

हाथों को सामने फैलायें। हथेलियाँ परस्पर मिली रहे। (श्वास भरते हुये हाथों को कन्धे के समान्तर फैलायें। श्वास छोड़ते हुये हाथों को परस्पर मिलायें।

(i) श्वास को भरें। हाथों को शेर के पंजे की तरह सामने की ओर झटके के साथ रेचन करते हुए फैलाएं।

(ii) हाथों को पूरक करते हुए सीने की तरफ ऐसे लाएं जैसे कि पूरी ताकत से कोई रस्सा खींच रहे हों।

(iii) हाथों को सीने से कंधे तक फैलाएं। तीन बार करें।

लाभ—(i) सीने और फेफड़ों की शक्ति बढ़ती है।

(ii) प्राण वायु अधिक ग्रहण होती है और कार्बनडाइ-आक्साइड अधिक बाहर निकलती है।

(iii) श्वासदीर्घ होता है।

नोवीं क्रिया—पेट के लिए

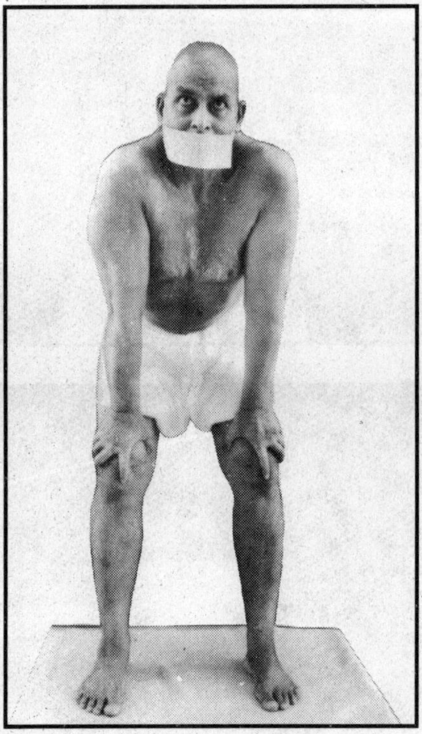

(i) अग्निसार कटि तक के भाग को लगभग 30 डिग्री कोण में झुकाएं।

(ii) श्वास का रेचन करके पेट को अन्दर ले जाएं।

(iii) कुम्भक की स्थिति में पेट को पीठ की ओर लगाते हुए ऊपर खींचे।

(iv) पेट को तेजी से अन्दर-बाहर करें। इस क्रिया को पांच बार दोहराएं। एक बार में पेट 15 से 20 बार बाहर-अन्दर गतिशील बनेगा।

लाभ—(i) वायु विकार दूर होते हैं।

(ii) पाचन क्रिया सक्रिय होती है।

(iii) प्राण शक्ति का विकास होता है।

दसवीं क्रिया—कमर के लिए

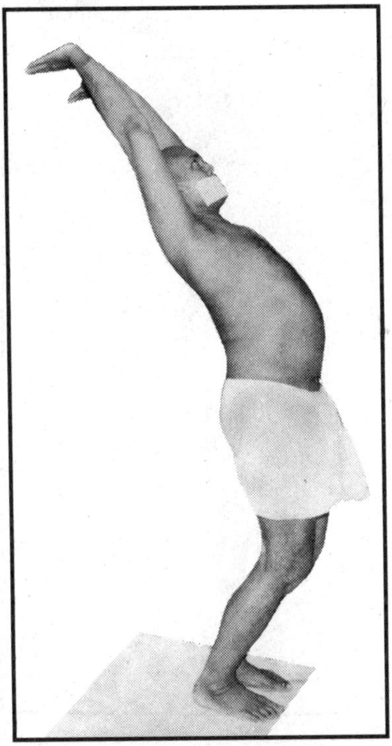

(अ) (i) श्वास को भरें। हाथों को ऊपर ले जाएं। पेट को आगे की ओर तथा कंधो को पीछे ले जाएं।

(ii) रेचन करते हुए आगे झुकें। ललाट से घुटनों का स्पर्श करने की कोशिश करें। हाथ-पैर के पंजों को स्पर्श करें या पैर के पार्श्व में रहे।

(iii) श्वास भरते हुए हाथ ऊपर उठाएं एवं पीछे झुकें।

(iv) मूल स्थिति में आए। तीन बार इस क्रिया को दोहराएँ।

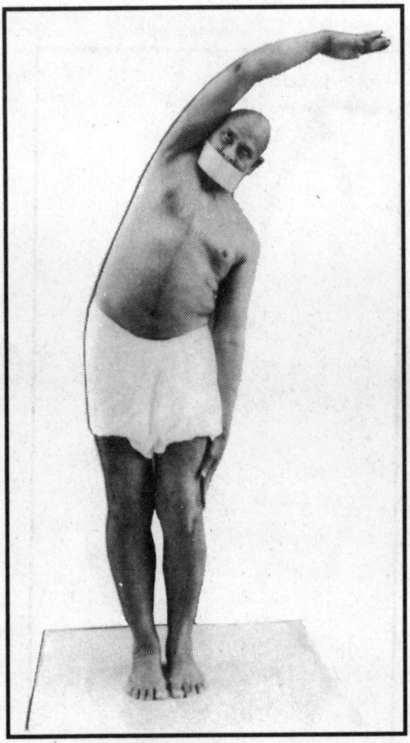

(ब) (i) रेचन करते हुए कटि भाग को बायीं ओर झुकाएं।

(ii) बायां हाथ बाएं घुटने की ओर नीचे ले जाएं।

(iii) दाएं हाथ को सिर पर होते हुए बायीं ओर लाएं। इस क्रिया को दायीं ओर झुककर भी करें। इसकी तीन आवृत्ति करें।

लाभ—(i) कमर के दोष दूर होते हैं।

(ii) मेरूदण्ड लचीला होता है।

(iii) पेट के विकार दूर होते हैं।

ग्यारवी क्रिया—पैरों के लिए

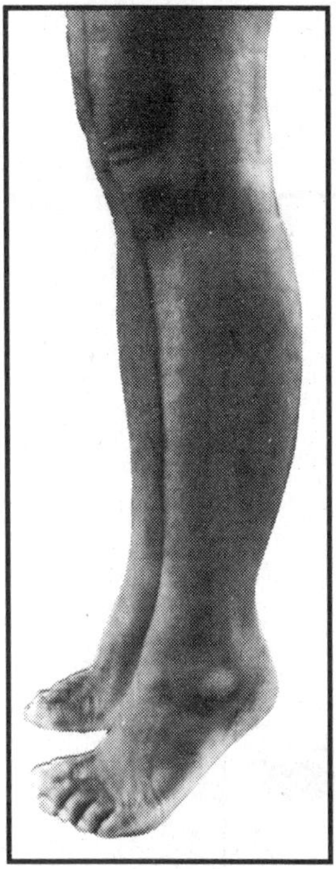
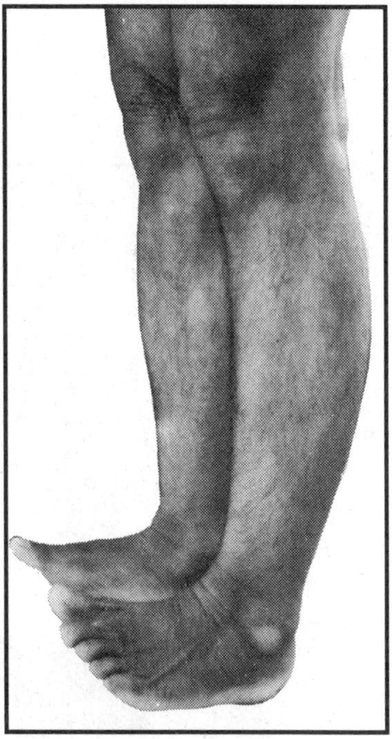

(अ) (i) पूरक करते हुए पैर के पंजों पर खड़े रहें ।

(ii) फिर रेचन करते हुए एड़ी को जमीन पर रख दें ।

(ब) (i) पूरक करते हुए एड़ी पर खड़े रहें । पंजे जमीन से ऊपर रहेंगे ।

(ii) रेचन करते हुए पंजों को भूमि पर रखें । प्रत्येक क्रिया को पांच-पांच बार दोहराएँ ।

लाभ—(i) ऐड़ी के दर्द में लाभ होता है ।

(ii) पंजे के दोष का परिहार होता है ।

बारहवीं क्रिया—घुटने एवं पंजों के लिए

(अ) दाएं घुटने को मोड़कर एड़ी से नितम्ब को पांच बार ताड़ित करें। ऐसा ही बाएं घुटने को मोड़कर करें।

(ब) फिर घुटनों की ढक्कनियों को पांच बार ऊपर-नीचे करें।

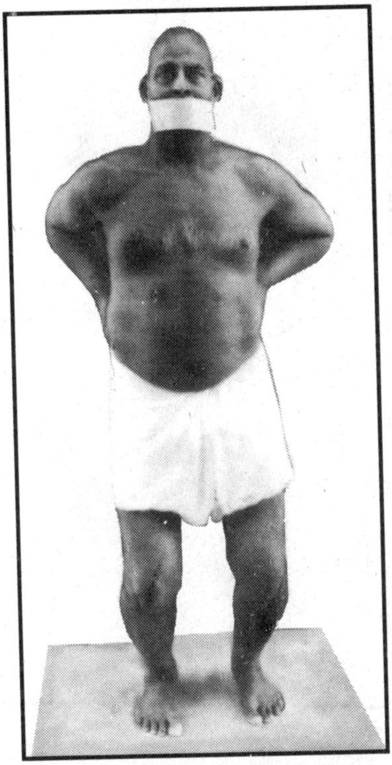

(स) **स्थिति**—कटि पर हाथ रखें। दोनों पैदों के बीच एक फुट का अन्तर रखें।

विधि—(i) धीरे-धीरे घुटनों को आगे सामने की ओर मोड़ें। रेचन करें।

(ii) पूरक कर ऊपर आएं। कमर, धड़, सिर सीधा रहे। इस क्रिया को पांच बार करें।

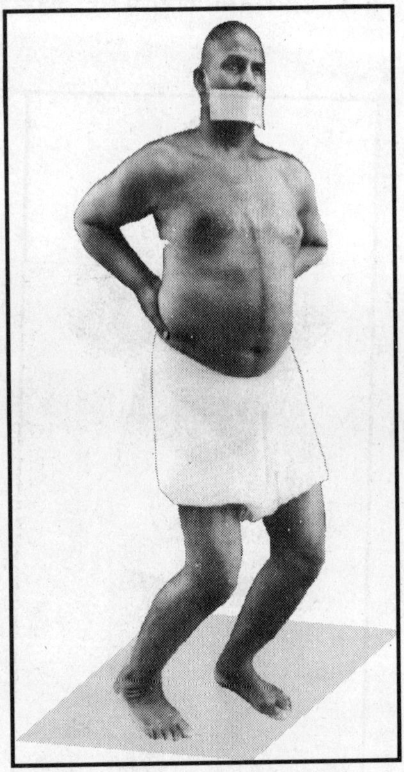

(द) (i) घुटनों को दायीं ओर मोड़ें रेचन करें। कमर को सीधा रखते हुए झुकें। फिर पूरक करें।

(ii) घुटनों को बायीं ओर मोड़ें। रेचन करें। कमर को सीधा रखें। इसे तीन बार करें।

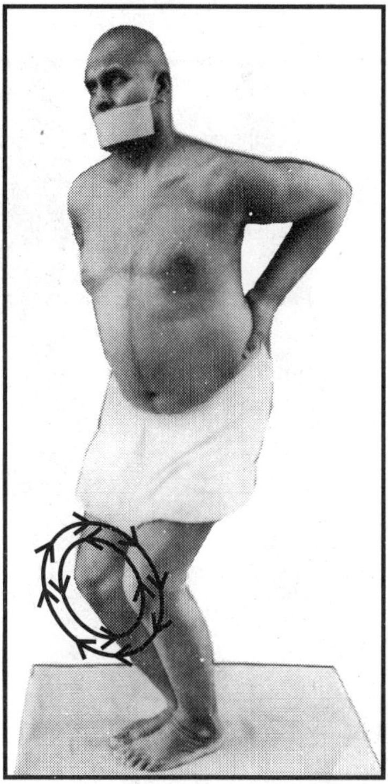

(इ) (i) दोनों पंजों को मिलाकर खड़े रहे ।

(ii) रेचने कर घुटनों को मोड़ें और दाएं-बाएं गोलाकार पांच बार घुमाएं ।

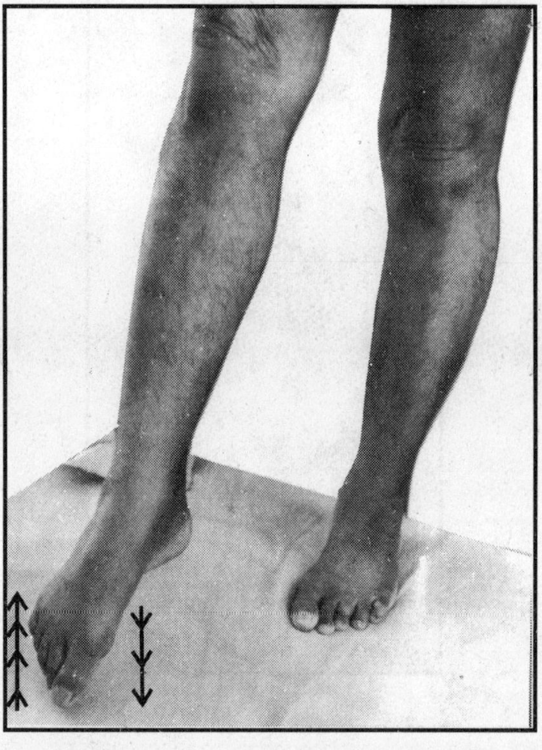

(ई) (i) दाहिने पैर एवं पिंडली को सीधा रखें। अंगूठे को भूमि की ओर खींचाव दें। पंजे को भूमि से थोड़ा सा ऊपर उठा कर फिर नीचे की ओर मोड़ें।

(ii) ऐसा ही दूसरे पैर से करें।

(फ) (i) पैर की एक-एक अंगुली को सक्रिय करें।

(ii) फिर दाएं से बाएं और बाएं से दाएं पैर को गोलाकार घुमाएं। ऐसा ही दूसरे पैर से करें। इसे तीन बार करें।

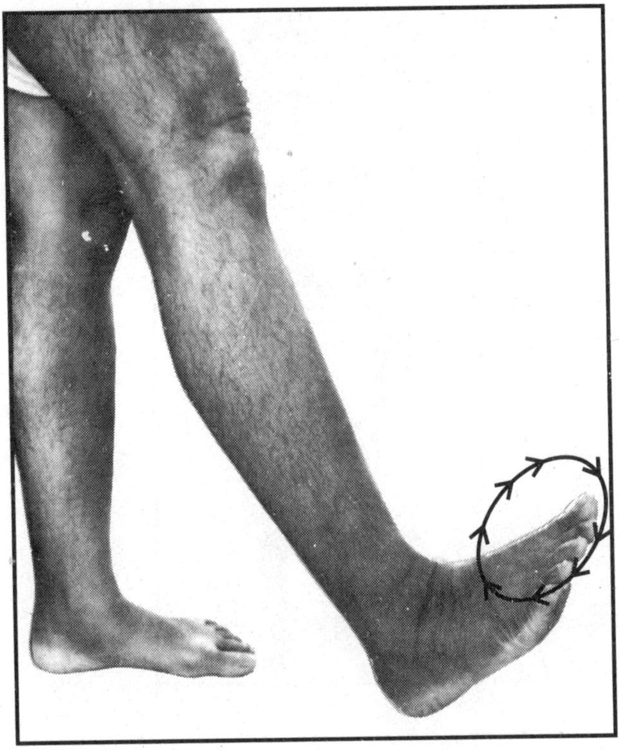

लाभ—घुटने, पिण्डली, पंजे तथा अंगुलियों का दर्द दूर होता है। शक्ति का संचार होता है।

तेरहवीं क्रिया—कायोत्सर्ग

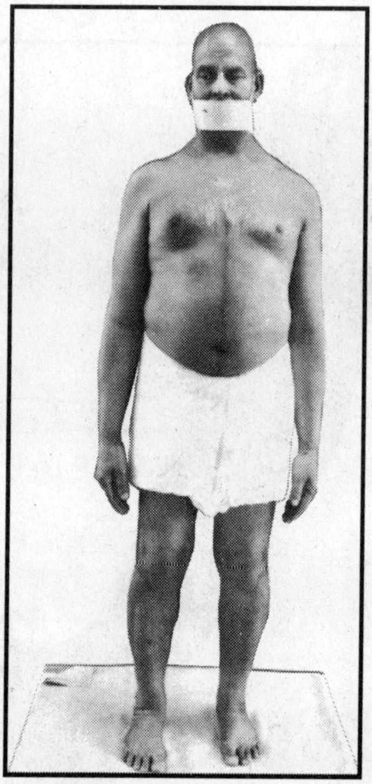

स्थिति—खड़े-खड़े शरीर के प्रत्येक अवयव, मांसपेशी, स्नायु को शिथिल करें। आंखे बंद रखें।

(i) चित्त को पूरे शरीर में फैला दें।

(ii) पूरे शरीर को तनाव-मुक्ति का सुझाव दें एवं शरीर में शिथिलता का अनुभव करें। शरीर शिथिल हो रहा है।

(iii) चैतन्य के प्रति पूर्ण जागरूक रहें।

(iv) तीन-चार दीर्घश्वास के पश्चात् कायोत्सर्ग को सम्पन्न करें।

लाभ—(i) तनाव मुक्ति, (ii) मानसिक शक्ति, (iii) जागरूकता और (iv) ममत्व का परिहार होता है।

3. स्वभाव परिष्कार के लिए मेरुदण्ड की क्रियाएँ

मेरुदण्ड शरीर में सर्वाधिक महत्त्वपूर्ण अंग है। मेरुदण्ड का लचीलापन स्वस्थ्यता का लक्षण है। स्वस्थ व्यक्ति का मेरुदण्ड सीधा और लचकदार होता है। मेरुदण्ड के पार्श्व में ईड़ा, पिंगला आदि सहस्रों नाड़ियां होती हैं। मेरुदण्ड सुदृढ़ होने से व्यक्ति की चेतना को विकसित होने का अवसर मिलता है। मेरुदण्ड की लचक केवल स्वास्थ्य के लिए ही वरदान नहीं है, अपितु वह सुन्दर स्वभाव और साधना की दृष्टि से भी महत्त्वपूर्ण है।

ये क्रियाएँ सरल सहज लगती हैं। सहज लगने वाली क्रियाएँ ही जीवन को सर्वाधिक प्रभावित करती हैं। मेरुदण्ड की सुघड़ता को लक्ष्य कर इन क्रियाओं का चयन किया गया है। मेरुदण्ड की स्वस्थता स्मृति विचार, चिंतन और स्वभाव को प्रभावित करती है। स्वभाव, विचार और चिंतन के परिष्कार के लिये मेरुदण्ड की क्रियाओं पर ध्यान देना आवश्यक है।

मेरुदण्ड के अन्तिम छोर पर शक्ति केन्द्र है और मस्तक की चोटी के (ऊपर) स्थान पर ज्ञान केन्द्र है। शक्ति और ज्ञान के विकास के लिए मेरुदण्ड की स्वस्थ एवं सक्रियता अपेक्षित है। ईडा, पिंगला और सुषुम्ना में प्राण का प्रवाह सम्यक् रूप से होने लगता है। प्राण का प्रवाह सम्यक् प्रकार होने से व्यक्तित्व के विकास में अपेक्षित सहयोग मिलता है।

मेरुदण्ड का सीधा रहना ध्यान के लिए आवश्यक है। मेरुदण्ड सीधा रहता है तो प्राण का प्रवाह सुषुम्ना में सहजता से होने लगता है। मेरुदण्ड की क्रियाएँ पेट, गर्दन व कटि में ठहरे हुए विष को निकालने में सहयोगी बनती हैं। मेरुदण्ड क्रियाओं को सरलता से सब आबाल वृद्ध कर सकते हैं।

मेरुदण्ड की क्रियाएँ

शरीर की स्थिति

भूमि पर पीठ के बल लेटें। दोनों पैर सीधे रखें। हाथों को कन्धें के समानान्तर सीधे फैलाएं। हथेलियां भूमि को स्पर्श करें।

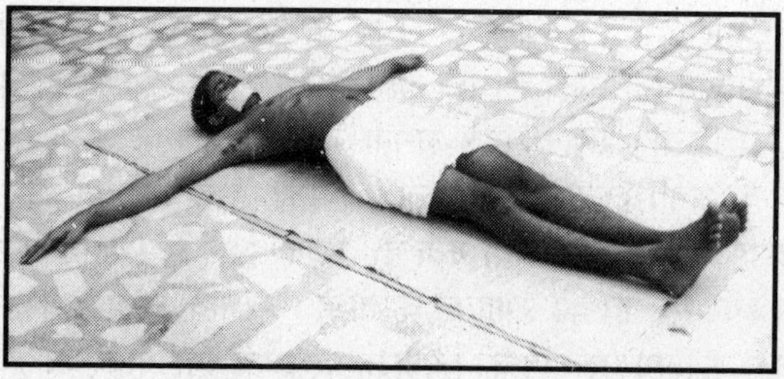

पहली क्रिया

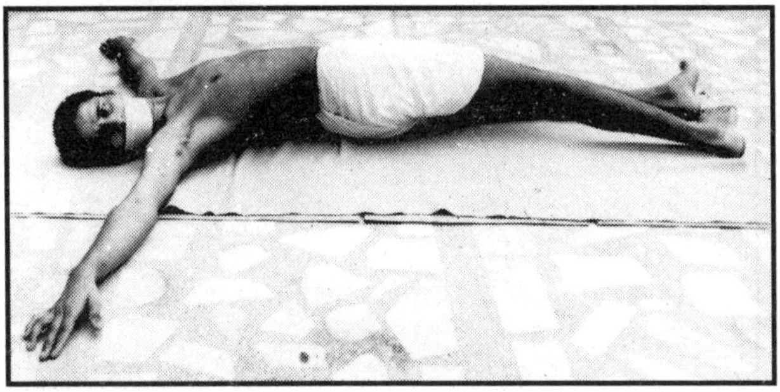

स्थिति—दोनों पैरों के मध्य अपने पांव तल की लंबाई जितनी दूरी रखें।

(1) (i) पूरक करते हुए बाएं पैर के अंगूठे को दायीं एड़ी से स्पर्श करें। दायीं ओर करवट लें।

(ii) गर्दन बायीं ओर घुमाएं। श्वास का रेचन करते हुए पूर्व स्थिति में आ जाएं।

(2) (i) पूरक कर दाएं पैर के अंगूठे को बायीं एड़ी से स्पर्श करते हुए बायीं ओर करवट लें।

(ii) गर्दन दायीं ओर घुमाएं। श्वास को रेचन करते हुए मूल स्थिति में आ जाएं।

दूसरी क्रिया

शरीर की स्थिति—पूर्ववत् रहेगी, दूसरी क्रिया की स्थिति दाहिनें पैर को सीधा ऊपर उठाकर एड़ी को बाएं पैर के अंगूठे और पास वाली अंगुलियों के बीच स्थापित करें।

(1) (i) पूरक कर दोनों पैरों के पंजों को दाहिनी ओर ले जाकर भूमि को स्पर्श करें। शरीर दाहिनी ओर करवट लेगा।

(ii) गर्दन बायीं ओर घुमाएं।

(iii) रेचन करते हुए पूर्व स्थिति में आ जाएं।

(2) (i) पूरक कर दोनों पैर बायीं ओर ले जाकर भूमि को स्पर्श करें। शरीर बायीं ओर करवट लेगा।

(ii) गर्दन को दाहिनी ओर घुमाएं।

(iii) रेचन करते हुए मूल स्थिति में आ जाएं।

नोट—इस क्रिया को पैर बदलकर भी दोहरायें।

तीसरी क्रिया

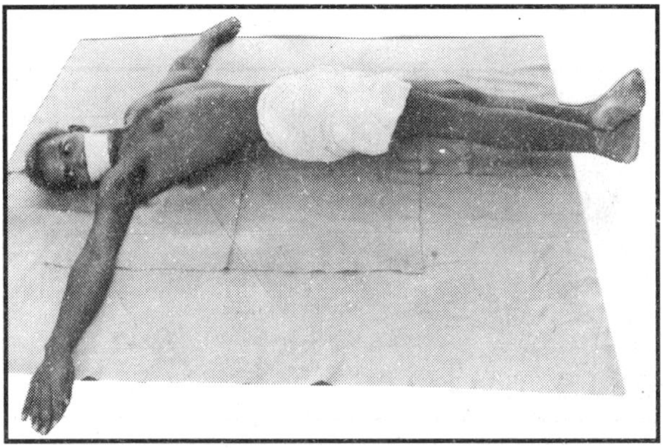

शरीर की स्थिति—पूर्ववत् रहेगी ।

तीसरी क्रिया की स्थिति—बाएं पैर के टखने पर दाएं पैर के टखने को स्थापित करें ।

(1) (i) पूरक कर दोनों पैरों को बायीं ओर घुमाकर पैर को भूमि से स्पर्श कराएं । शरीर बायीं ओर करवट लेगा ।

(ii) गर्दन को दाहिनी ओर घुमाएं ।

(iii) रेचन करते हुए पूर्व स्थिति में आ जाएं ।

(2) (i) पूरक कर पैर को दाहिनी ओर भूमि से स्पर्श कराएं ।

(ii) पूरा शरीर दाहिनी ओर करवट लेगा । गर्दन बायीं ओर घुमाएं ।

(iii) रेचन करते हुए मूल स्थिति में आ जाएं ।

नोट—इस क्रिया को दूसरे पैर से भी दोहराएं ।

चौथी क्रिया

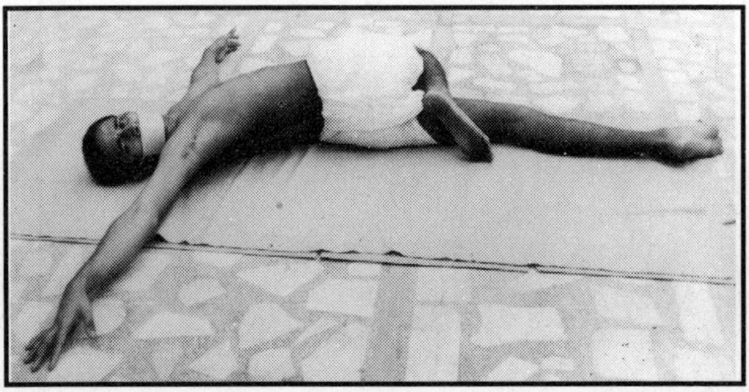

शरीर की स्थिति—पूर्ववत् रहेगी ।

चौथी क्रिया की स्थिति—बाएं पैर को सीधा रखें दाहिनें पैर को मोड़कर पांव तल को घुटने के पास स्थापित करें ।

(1) (i) पूरक कर बाएं पैर के ऊपर से दाएं घुटने को बायीं ओर भूमि से स्पर्श कराएं । दाहिना कन्धा बाई ओर करवट लेगा ।

(ii) गर्दन को दाहिनी ओर घुमाएं ।

(iii) रेचन करते हुए पूर्व स्थिति में आ जाएं ।

(iv) दायें पैर को सीधा करें । बायें पैर को मोड़कर पूरक करते हुए ।

(v) दाहिने पैर के ऊपर से बायें पैर के घुटने को भूमि से स्पर्श करायें ।

(vi) रेचन करते हुए मूल स्थिति में आ जाएं ।

पांचवी क्रिया

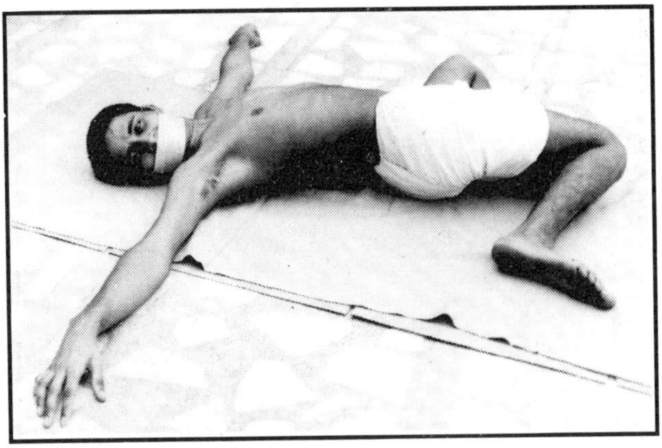

स्थिति—दोनों पैरों के घुटनों को मोड़े। दोनों पैरों के बीच इतना फासला रहे कि एक पैर का घुटना दूसरे पैर की तली में लग सकें।

(1) (i) पूरक करते हुए दायें पैर के घुटने को बायें पैर की तली में लगाएं। शरीर बायीं ओर करवट लेगा।

(ii) गर्दन बायीं ओर घुमाएं।

(iii) श्वास छोड़ते हुए पूर्व स्थिति में आ जाएं।

(2) (i) अब पूरक करते हुए बायें पैर के घुटने को दायें पैर की तली में लगाएं। शरीर दायीं ओर करवट लेगा।

(ii) गर्दन बायीं ओर घुमाएं।

(iii) श्वास छोड़ते हुए पूर्व स्थिति में आ जाएं।

छठी क्रिया

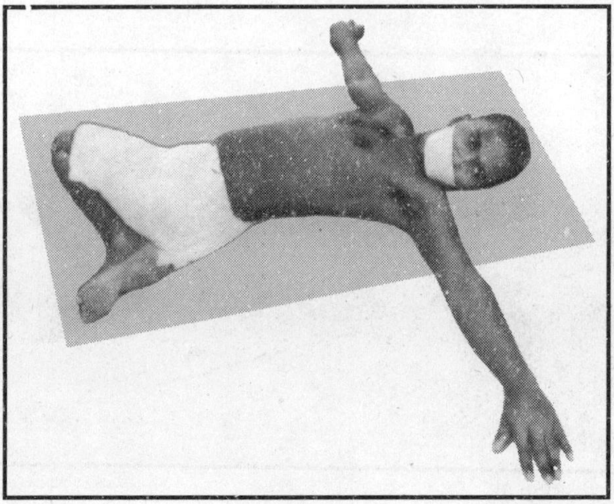

शरीर की स्थिति पूर्ववत् रहेगी।

छठी क्रिया की स्थिति—दोनों पैर के घुटनों को मोड़कर पांव तल भूमि पर सीधा रखें, ध्यान रहे पैर नितम्बों से सटे रहे।

(1) (i) पूरक कर दोनों घुटनों को बाई ओर भूमितल की ओर ले जाएं, शरीर भी बायीं ओर करवट लेगा।

(ii) गर्दन दाई ओर घुमाएं।

(iii) रेचन करते हुए पूर्व स्थिति में आ जाएं।

(2) (i) पूरक कर दोनों घुटनों को दाहिनी ओर भूमि से स्पर्श कराएं, शरीर दाहिनी ओर करवट लेगा।

(ii) गर्दन बाई ओर घुमाएं।

(iii) रेचन करते हुए मूल स्थिति में आ जाएं।

सातवीं क्रिया

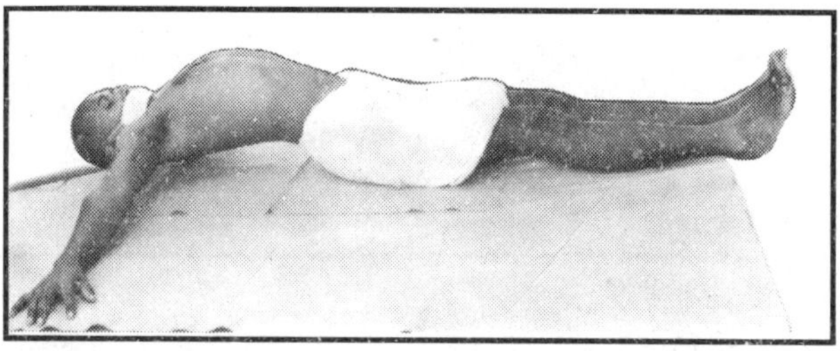

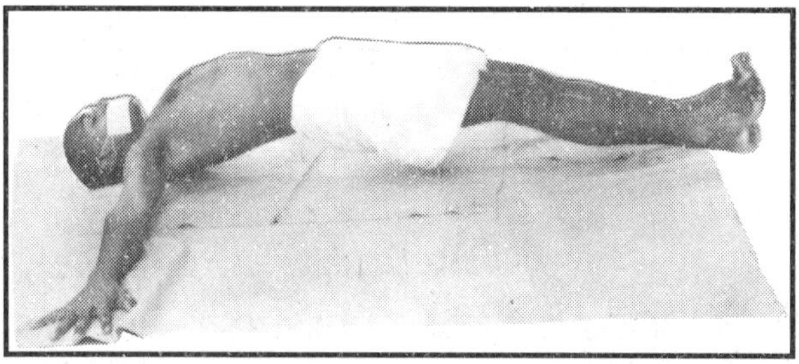

शरीर की स्थिति—पूर्ववत् रहेगी।

(i) पूरक कर कमर और नितम्ब के भाग को भूमि से ऊपर उठाकर त्वरित् गति से भूमि पर गिराएं। रेचन करें। इस क्रिया को तीन बार दोहराएं, फिर कायोत्सर्ग की मुद्रा में आ जाएं।

(ii) एड़ी से लेकर कन्धे तक शरीर को ऊपर उठाएं। एक साथ त्वरित गति से भूमि पर गिरायें।

आठवीं क्रिया

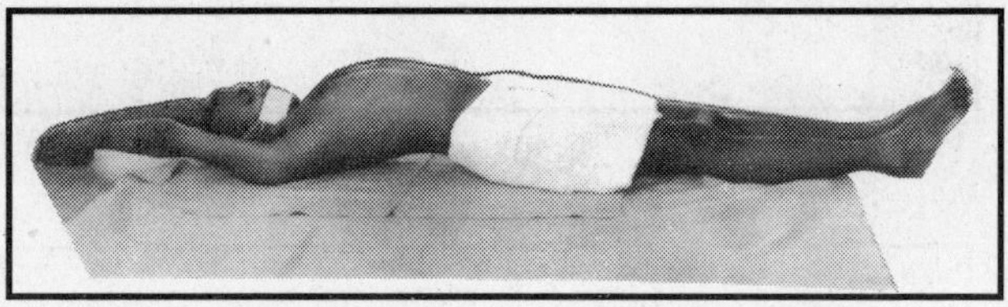

स्थिति—पीठ के बल लेटे। हाथों को सिर की ओर फैलाकर श्वास भरें।

(i) बायें ओर शरीर को गोलाकार घुमाएं।

(ii) श्वास छोड़कर पीठ के बल सीधें हो जाएं।

(iii) श्वास भर कर दाएं ओर शरीर को गोलाकार बैलन की तरह घुमाएं।

(iv) श्वास का रेचन कर पीठ के बल लेटे। शरीर शिथिल छोड़ दें। क्रिया की पांच आवृत्ति करें।

लाभ—(i) समपूर्ण शरीर की इससे मालिश हो जाती है।

(ii) पैट सीने एवं कमर की विकृतियाँ दूर होती हैं।

4. कायोत्सर्ग की मुद्रा

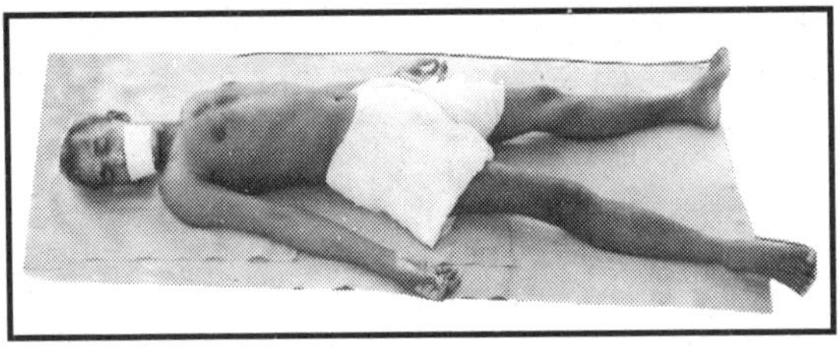

स्थिति—पीठ के बल सीधे लेटें। चित्त को श्वास पर केन्द्रित करें।

(i) मंद-मंद श्वास-प्रश्वास लें। शरीर को शिथिल छोड़ दें। आँखें कोमलता से मूंद लें। दोनों पांव के बीच एक फुट का फासला रखें। हथेलियां आकाश की ओर शरीर के सामानांतर फैला दें। प्रत्येक अवयव में शिथिलता का अनुभव करे।

5. पेट और श्वास की क्रियाएं

सम्यग् श्वास की आवश्यकता

प्रेक्षा-ध्यान में श्वास की क्रिया का सम्यक् होना आवश्यक है। प्रेक्षा का प्रारम्भ श्वास से होता है। श्वास की क्रिया ठीक होने से साधना में शीघ्र और व्यवस्थित गति होती है। सामान्यतः श्वास-प्रश्वास की क्रिया को अधिकतर लोग उल्टा करने लगते हैं। जो तनाव-ग्रस्त हैं उनका श्वास-प्रश्वास उल्टा चलने लगता हैं। पेट की दस क्रियाओं में जहां श्वास क्रिया ठीक होती है वहां पाचन-संस्थान भी ठीक होने लगता है। छोटा बालक सहज रूप से श्वास-प्रश्वास करता है जब वह श्वास ग्रहण करता है तो पेट फूलता है प्रश्वास करता है तब पेट सिकुड़ता है सम्यग् श्वास प्रश्वास के लिए श्वास लें। तब पेट फूले, प्रश्वास करें तब सिकुड़े। इससे श्वास-प्रश्वास सहज ही दीर्घ होने लगता है। इन क्रियाओं के लिए तनाव रहित होकर खड़े रहें। चित्त को क्रिया में संलग्न करें। श्वास-प्रवास के साथ पेट का संचालन होगा, श्वास अन्दर आ जाए तब पेट फूलेगा। श्वास बाहर जाए तब पेट सिकुड़ेगा। पेट की क्रियाओं में श्वास-प्रश्वास की स्थिति सम्यक् रहेगी।

पेट एवं श्वास की दस क्रियाएँ

पहली क्रिया

गर्दन को सीधा रखें। दृष्टि सामने रखते हुए धीरे-धीरे 10 बार श्वास-प्रश्वास की क्रिया करें। श्वास लें तो पेट फूले। श्वास छोड़ें तो पेट सिकुड़े (भीतर जाये) ।

दूसरी क्रिया

पूर्व आकृत्ति में 10 बार श्वास-प्रश्वास की गति तीव्र करें ।

पेट के फूलने और पचकने की स्थिति पूर्ववत् ।

तीसरी क्रिया

ऊपर आकाश की ओर अपलक देखकर 10 बार श्वास-प्रश्वास तीव्र गति से करें ।

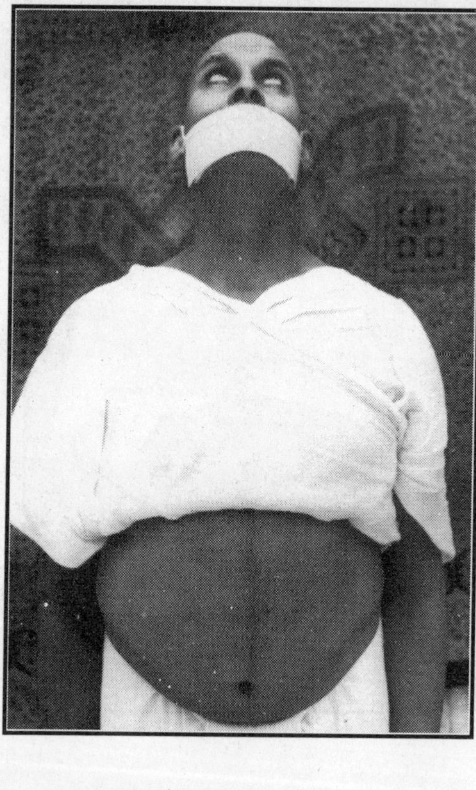

चौथी क्रिया

स्थिति—गर्दन सीधी-दृष्टि को सम्मुख शरीर से पांच फुट की दूरी पर रखें।

विधि—10 बार श्वास-प्रश्वास को तीव्रता से करें।

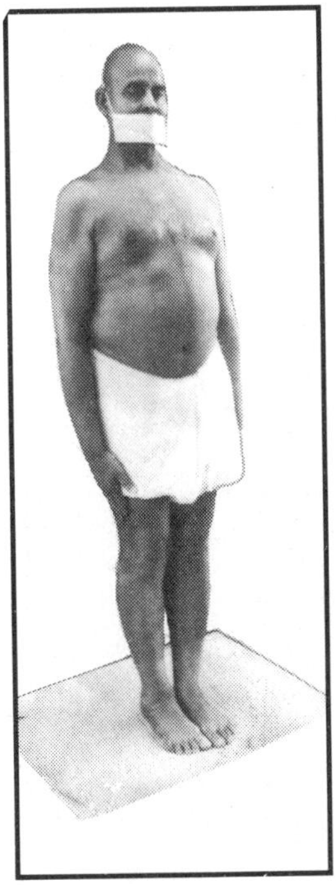

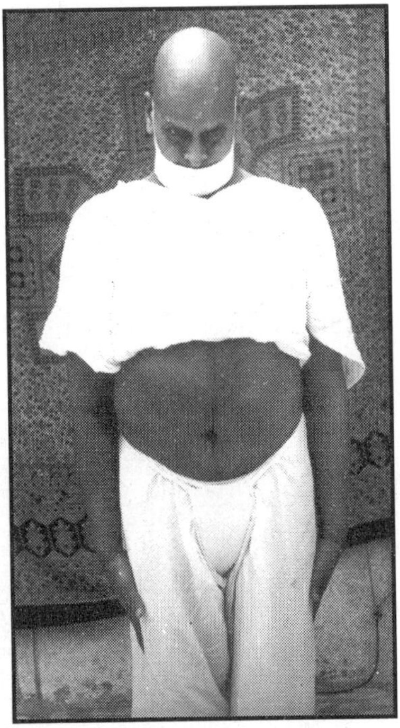

पांचवीं क्रिया

(i) श्वास बाहर निकालकर मुंह को कौवे की चोंच सदृश बनाकर श्वास को भरे।

(ii) पेट, फेफड़ें, गला एवं कपोलों (गालों) को फूलाकर आँख बन्द करें।

(iii) ठोड्डी को कंठ-कूप में लगाएं। मूलबन्ध (मल द्वार एवं मूत्रेन्द्रिय को भीतर खींचना) लगाकर कुम्भक करें। फिर गर्दन ऊपर कर नाक से श्वास छोड़े।

सावधानी—उष्णता बढ़ती है। गर्मी के समय में इसे न करें। सर्दी में तीन चार आवृत्तियाँ की जा सकती है।

छठी क्रिया

(i) हाथों को कमर पर रखें अंगुलियाँ पीछे और अंगुष्ठक आगे की ओर रखें। दृष्टि सम्मुख रखे।

(ii) 30 डिग्री का कोण बनाकर शरीर को स्थिर रखें।

(iii) 10 बार श्वास-प्रश्वास करें।

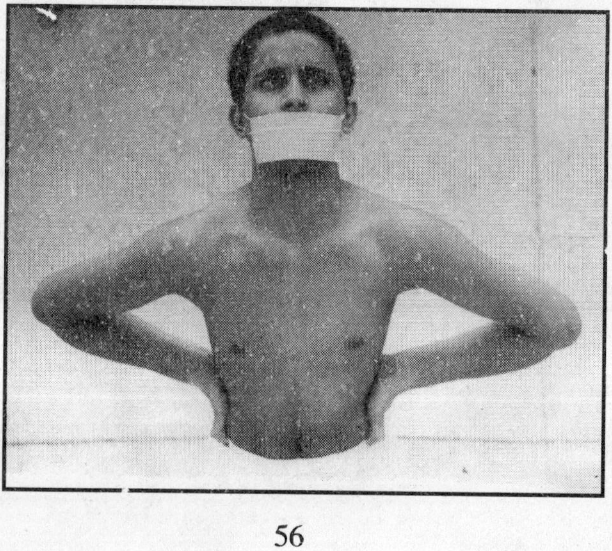

सातवीं क्रिया

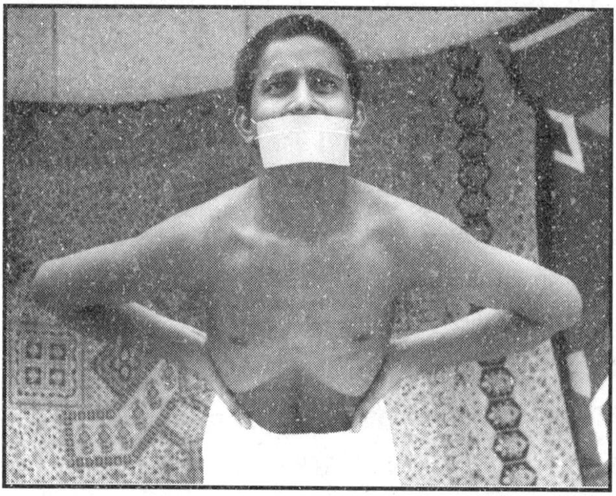

(i) छठी क्रिया की तरह ही हाथ कमर पर रखकर 90 डिग्री तक झुकें।

(ii) तेजी से श्वास-प्रश्वास करें। 10 आवृत्तियाँ करें।

आठवीं क्रिया

छठी क्रिया की तरह शरीर आगे की ओर झुकाएँ।

(i) श्वास बाहर निकालकर बाह्य कुम्भक करें।

(ii) पेट को भीतर-बाहर पांच से दस बार संचालित करें।

नवमीं क्रिया

(i) 90 डिग्री में शरीर को झुकाकर हाथों को कमर पर रखें।

(ii) बाह्या कुम्भक की स्थिति में पेट को तेजी से दस से बीस बार संचालित करें। दृष्टि सम्मुख रखें।

दसवीं क्रिया

(i) दोनों पैरों को कुर्सी की तरह मोड़े। दोनों पांवों के बीच डेढ़ फुट का फासला रखें। हथेलियां घुटनों पर स्थापित करे।

(ii) श्वास का रेचन करें।

(iii) पेट को पीठ की ओर खींचकर उड्डियान करें। इस अभ्यास की परिपक्वता से नौली क्रिया होने लगेगी।

लाभ—(i) श्वास की क्रिया सहज होने लगती है।

(ii) कब्ज दूर होती है, पेट के रोग दूर होते हैं।

(iii) प्राण सक्रिय होते हैं।

(iv) अन्तःस्रावी ग्रन्थियों के स्राव पवित्र होते हैं।

(v) फेफड़े स्वस्थ होते हैं।

6. नमस्कार-मुद्रा

भाव अंतर की घटना है। शरीर पर उसकी अभिव्यक्ति आकृतियों के रूप में होती है। इन आकृतियों को मुद्रा कहा जाता है। मुद्राएं भावों का प्रतिबिम्ब है। जैसे भाव वैसी ही मुद्रा बन जाती है। जैसी मुद्रा बनाते है वेसे ही भाव प्रगट होने लगते हैं। मुद्रा से मुद्रण बना है जिसका तात्पर्य है वर्णमाला के माध्यम से भावों की अभिव्यक्ति करना। वर्णमाला के अक्षरों में भावों के अर्थ निश्चित किए हुए हैं। मुद्रित शब्दों और वाक्यों में लेखक के भावों से हम अवगत हो जाते हैं, उसी तरह शरीर की मुद्राओं से अंतर के भावों का प्रकटीकरण हो जाता है।

प्रेक्षाध्यान साधना में मुद्राओं का महत्त्वपूर्ण स्थान है। विधायक मुद्राओं के प्रयोग और अभ्यास से विधायक भावों का निर्माण किया जा सकता है। ये विधायक भाव हमारे जीवन में इच्छित चरित्र को घटित करते हैं। जो व्यक्ति अपने जीवन में अर्हताएं चाहता है उसे नमस्कार मुद्रा का अभ्यास करना चाहिए।

नमस्कार मुद्राएं पाँच हैं—

1. अर्हं मुद्रा।
2. सिद्ध मुद्रा।
3. आचार्य मुद्रा।
4. उपाध्याय मुद्रा।
5. मुनि मुद्रा।

अर्ह मुद्रा की निष्पत्ति है वीतरागता। सिद्ध मुद्रा की निष्पत्ति है स्वबोध एवं पूर्ण स्वतंत्रता की इच्छा। आचार्य मुद्रा की निष्पत्ति है श्रद्धा और समर्पण। उपाध्याय मुद्रा की निष्पत्ति है ज्ञान और मुनि मुद्रा की निष्पत्ति है समता और साधना।

मुद्राओं की विधि

1. **अर्हं मुद्रा**—आसन—सुखासन, पद्मासन, वज्रासन और समपादासन में से किसी एक का चुनाव करें। (आसनों के लिए प्रेक्षाध्यान आसन-प्राणायाम पुस्तक देखें।)

स्थिति—सुखासन के लिए बाएं पैर को दाई साथल के नीचे रखें। दाएं पैर के पंजे को बाएं पैर के नीचे रखें। रीढ़ और गर्दन सीधी रखें। सुखासन में स्थिलता पूर्वक ठहरें।

(i) सीने के मध्य दोनों हाथ मिलाकर नमस्कार की स्थिति में आएं।

(ii) 'ऊँ ह्रीं णमों अरहंताण' का उच्चारण करें।

(iii) श्वास को भरते हुए हाथों को ऊपर ले जाएं। (उसी तरह बाहें ऊपर उठेंगी, बाहें कानों का स्पर्श करेगी। हाथ ऊपर सीधे रहेंगे।)

(iv) धीरे-धीरे सीने के मध्य हाथों को आनन्द केन्द्र पर ले आएं। यह "अर्हं" मुद्रा है।

निष्पत्ति—(i) अर्हं मुद्रा से अर्हता उत्पन्न होती है। व्यक्ति में अनेक अर्हताएं हैं। वे सुप्त हैं—इसलिए व्यक्ति मूर्च्छा में डूबा रहता है। अर्हं मुद्रा से मूर्च्छा टूटती है। (ii) व्यक्ति का दृष्टिकोण प्रियता और अप्रियता से मुक्त होता है। यहीं से अनंत अर्हताओं का उदय होत है। (iii) शारीरिक दृष्टि से अंगुलियां, हथेलियां, मणिबंध, कुहनी और स्कंध स्वस्थ और शक्तिशाली बनते हैं। (iv) पेट, सीना, पसलियां और मेरुदंड पर खिंचाव पड़ने से ये अंग स्वस्थ और सक्रिय होते हैं। जड़ता टूटती है। आलस्य दूर होता है। एड्रीनल और थाइमस ग्रन्थियों के स्राव बदलने लगते हैं। शरीर में स्थित विजातीय द्रव्य विसर्जन तंत्र की ओर धकेल दिया जाता है।

लाभ—1. तटस्थ भाव बढ़ता है।

2. अर्हता का विकास होता है।

3. शरीर स्वस्थ और शक्तिशाली बनता है।

4. आलस्य दूर होता है।

2. सिद्ध मुद्रा

विधि—पूर्व स्थिति में ठहरे ।

(i) 'ऊँ ह्रीं णमो सिद्धाणं' का उच्चारण करें ।

(ii) श्वास को भरते हुए हाथों को ऊपर ले जाएं ।

(iii) दोनों हथेलियों को खोल दें । (बाहें कानों को स्पर्श करेंगी । हाथ सीधे रहेंगे ।)

(iv) श्वास छोड़ते हुए हथेलियों को बंद करें और धीरे-धीरे सीने के मध्य आनन्द केन्द्र पर ले आए । यह 'सिद्ध' मुद्रा है ।

निष्पत्ति—पूर्ण स्वतन्त्रता

सिद्ध पूर्ण स्वतंत्रका का प्रतीक है। स्वतंत्रता व्यक्ति की मौलिक इच्छा है। वह बंधन में रहना नहीं चाहता। दोनों हाथेलियों को खोलकर व्यक्ति अपनी पूर्ण स्वतंत्रता की अभिव्यक्ति करता है। शारीरिक दृष्टि से वीतराग मुद्रा के लाभ इसमें भी होते हैं। साथ-साथ हथेलियों के खुलने से हथेलियों की मांसपेशियों पर विशेष दबाव पड़ता है। उससे मांसपेशियां पुष्ट और लचीली होती है। एड्रीनल और थाइमस ग्रन्थियों के स्थान संतुलित होते हैं। अप्रमाद केन्द्रों पर विशेष प्रभाव पड़ने से जागरूकता बढ़ती हैं।

3. आचार्य मुद्रा

(i) स्व बोध का अनुभव।

(ii) हाथ की मॉसपेशियां पुष्ट एवं लचीली होती हैं।

(iii) ग्रन्थियों के स्राव सन्तुलित होते हैं।

(iv) स्वतंत्रता के प्रति जागरुकता बढ़ती है।

विधि—पूर्व स्थिति के अनुसार। सीने क मध्य आनन्द केन्द्र पर दोनों को मिलाकर नमस्कार की स्थिति में आए।

(i) 'ॐ ह्रीं णमो आयरियाणं' का उच्चारण करें।

(ii) श्वास भरकर दोनों हथेलियों को खोलते हुए धीरे-धीरे कंधों के पास लाएं, कंधों के पास अंगुठों को लगाकर हथेलियों को खुला एवं सीधा रहने दें।

(iii) श्वास छाड़ेते हुए वापस धीरे-धीरे सीने के मध्य आनन्द केन्द्र पर हाथों को नमस्कार की स्थिति में लावें। यह 'आचार्य' मुद्रा है।

निष्पत्ति—शुद्धाचार

आचार्य अर्हंत के प्रतिनिधि होते हैं। आचरण की शुद्धता के लिए आचार्य का जीवन दिशा-सूचक है। आचार्य मुद्रा से शुद्धाचार की ओर व्यक्ति उन्मुख होता है। आनंद केन्द्र पर हाथ जोड़कर वह आचार्य का विनय करता है। दोनों हाथों को कंधों के पास ले जाकर खुला रखकर वह आचार्य के मार्ग दर्शन के प्रति खुले दिल से समर्पित होता है। शारीरिक दृष्टि से आचार्य मुद्रा से सीना और फेफड़ें पुष्ट होते हैं। कंधें और हाथों की मांसपेशियाँ भी सक्रिय होती हैं। थाइमस ग्रन्थि के स्राव संतुलित होते हैं।

लाभ—(i) आचरण शुद्ध होता है।

(ii) कन्धे, सीना और फफड़ें पुष्ट होते हैं।

(iii) थाइमस ग्रन्थि के स्राव सन्तुलित होने से भाव धारा निर्मल होती है।

4. उपाध्याय मुद्रा

विधि—पूर्व स्थिति के अनुसार । सीने के मध्य आनंद केन्द्र पर दोनों हाथों को मिलाकर नमस्कार की मुद्रा में आएँ ।

(i) 'ऊँ ह्रीं णमो उवज्झायाणं' का उच्चारण करें ।

(ii) श्वास भरते हुए दोनों हथेलियों को धीरे-धीरे आकाश की ओर ले जाएं, बाहों को कानों से स्पर्श करें, हथेलियों को आकाश की ओर खोल दें । (दोनों अंगुठों का अगला भाग मिला रहे ।)

(iii) सिर को गर्दन के पीछे की तरफ ले जाकर अनिमेष दृष्टि से आकाश को देखें । श्वास छोड़ते हुए पुनः हाथों को नमस्कार की मुद्रा में आनन्द केन्द्र पर ले आएं । गर्दन को सीधा करें, पूर्व स्थिति में जाएं ।

निष्पत्ति : सम्यक् ज्ञान दर्शन।

सम्यक् ज्ञान और श्रृद्धा मुक्ति का आधार है। ज्ञान और दृष्टि की आराधना उपाध्याय का जीवन है। ज्ञान और दृष्टि की आराधना करने वालों के लिए उपाध्याय का जीवन एक आदर्श है। उपाध्याय मुद्रा उपाध्याय कें प्रति विनय तथा ज्ञान दृष्टि से विशालता होती है। शारीरिक दृष्टि से थाइराइड और पेराथाइड पिनियल और पिच्यूटरी ग्रन्थियों के स्राव संतुलित होते हैं जिससे ज्ञान दर्शन का सीधा संबंध है।

लाभ—(i) उपाध्याय या शिक्षक के प्रति विनयभाव का उदय।

(ii) ज्ञान का विकास।

(iii) थाइराइड, पैराथाइराड आदि ग्रन्थियों के स्राव का सन्तुलन।

(iv) गर्दन के दर्द में लाभ होता है।

5. मुनि मुद्रा

विधि—पूर्ववत् सुखासन में ठहरे। सीने के मध्य आनन्द केन्द्र पर दोनों हाथों को मिलाकर नमस्कार की मुद्रा में आएं।

(i) 'ऊँ ह्रीं णमों लोए सव्वसाहूणं' का उच्चारण करें।

(ii) श्वास भरते हुए हाथों को जोड़े। आकाश की ओर ले जाएं।

(iii) श्वास छोड़ते हुए हाथों की अंजलि मुद्रा बनाएं।

(iv) श्रद्धा और भक्ति का समर्थन करते हुए ग्रन्थ सीधे नीचे जाएं और नमस्कार मुद्रा बनाएं।

निष्पत्ति—समर्पण

मुनि आत्मधर्म के प्रति समर्पित होने से श्रद्धा और समर्पण के प्रतीक हैं। मुनि मुद्रा से विभाव से स्वभाव के प्रति श्रद्धा और समर्पण की भावना जागृत होती है। अहंकार का विसर्जन होता है। शारीरिक दृष्टि से थाइमस ग्रन्थि के स्राव संतुलित होते हैं। करुणा और मैत्री का विकास होता है जिससे ईर्ष्या-द्वेष जनित अनेक रोगों से बचते हैं।

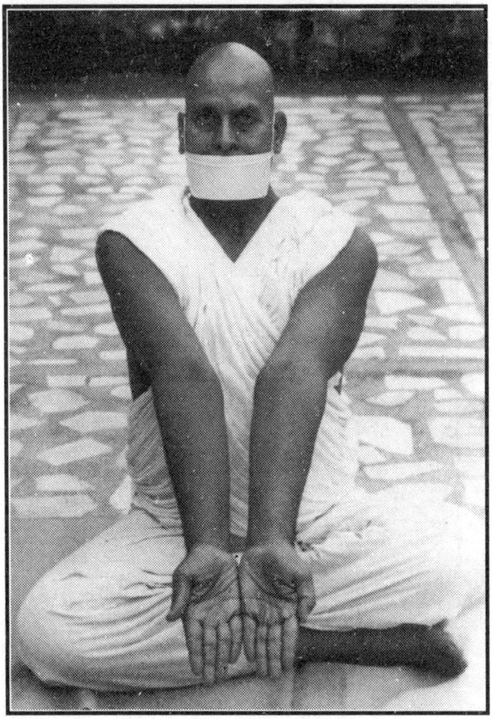

लाभ—(i) श्रृद्धा और समर्पण भाव बढ़ता है।

(ii) अहंकार का विसर्जन होने लगता है।

(iii) करुणा और मैत्री का विकास होता है।

(iv) शरीर स्वस्थ होने से प्रशन्नता बढ़ती है।

7. संकल्प सूत्र

संकल्प प्रयोग के लिए मन, वाणी और शरीर को स्थिर करें। विशुद्ध भावों से चित्त को भावित करें। सुखासन में संकल्प सूत्र को दोहरायें। दोनों हाथ जोड़कर आनंद केन्द्र पर स्थापित करें।

मैं चैतन्यमय हूँ
मैं आनंदमय हूँ
मैं शक्तिमय हूँ
मेरे भीतर अनंत चैतन्य का,
अनंत आनंद का,
अनंत शक्ति का सागर लहरा रहा है। उसका साक्षात्कार करना मेरे जीवन का लक्ष्य है।

ॐ शांतिः शांतिः शांतिः।

ॐ अर्हम्
अर्हम् नमः